AF394927

MONOGRAPHIE

DE

GRENADE

OUVRAGE RENFERMANT

Des Détails Géographiques, Historiques
et Biographiques

RELATIFS A LA COMMUNE & AU CANTON

Par R. RUMEAU

INSTITUTEUR PUBLIC

TOULOUSE

LIBRAIRIE REGNAULT

—

1879

MONOGRAPHIE

DE

GRENADE

au triple point de vue Géographique, Historique
et Monographique

MAITRES DE LA COMMUNE & DU CANTON

Par E. RIMBAUD

IMPRIMERIE RÉGIONALE

A NOS LECTEURS

Vu le cercle étroit dans lequel nous étions confiné de prime abord, le travail que nous livrons à la publicité n'était pas destiné à affronter le périlleux honneur de l'impression. Mais grâce aux encouragements bienveillants que nous avons reçus de diverses personnes, nous n'avons pas hésité à le mettre au jour.

Quelque modeste que soit notre œuvre, elle pourra néanmoins intéresser les habitants de Grenade, pour lesquels nous nous sommes fait un devoir d'écrire cette notice. Il ne faut point d'ailleurs se dissimuler les difficultés de la tâche. Les documents, recueillis un peu partout, sont le fruit de longues et patientes recherches. Ils ne sont encore qu'un encouragement à les continuer, car ce n'est pas en un jour que l'on peut reconstituer, de toutes pièces, l'histoire, perdue à travers les siècles, d'une ville dont les archives ne renferment guère plus de pièces justificatives.

Elles nous seraient pourtant d'un puissant secours pour

donner à notre récit la couleur, l'animation, la vie qui lui sont propres. L'espèce de vandalisme dont elles ont été l'objet, est cause de cette lacune regrettable, et il n'est pas en notre pouvoir de la combler.

Loin de nous toute pensée capable de faire naître dans notre esprit la prétention d'avoir fait une œuvre complète. Le champ est encore vaste à parcourir, et nous applaudirons des deux mains le jour où d'autres, plus heureux que nous, prendront la détermination de publier des documents depuis longtemps tenus cachés avec un soin extrême, peut-être même trop jaloux.

L'acte de fondation nous vient de l'obligeance de Mme veuve Pouilh, qui a bien voulu nous permettre d'en prendre copie. M. Lacoste, pharmacien, a daigné se charger de le traduire : copie et traduction sont ajoutées à la fin de l'ouvrage.

Nous saisissons ici la première occasion s'offrant à nous pour exprimer notre reconnaissance à toutes les personnes qui, de près ou de loin, ont bien voulu nous aider dans ce travail ; nous nous sommes efforcé de le rendre le plus attrayant possible : c'était notre seule ambition ; ce sera notre récompense si nous avons pu y réussir.

R. RUMEAU

Grenade, 21 Novembre 1878.

MONOGRAPHIE DE GRENADE

I. — La commune.

Situation. — La commune de Grenade, comprise dans
l'arrondissement de Toulouse, est limitée au nord, par le
canton de Verdun (Tarn-et-Garonne); à l'est, par la
Garonne et le canton de Fronton; au sud, par la commune de Merville; au sud-ouest, par celles de Launac et
de Saint-Cezert.

Sa forme. — C'est un espace de terrain de forme irrégu-
lière qui s'étend de l'est au sud-ouest à partir du pont de
Castelnau, au lieu dit *les Perpeillets*, sur une longueur
maxima de 14,500ᵐ et sur une largeur maxima de 6,200ᵐ
en allant de l'ouest au sud-ouest des lieux appelés *Ri-
boulet* et *Bregnaygue*.

Surface. — Sa surface est de 5,344 hectares, répartis en
terres labourables, prés, vignes et bois; mais ces derniers
sont en petite quantité.

Relief du sol. — Le sol présente une plaine très fertile,
sur laquelle s'élèvent quelques plateaux successifs à mesure
que l'on s'éloigne de la rive gauche de la Garonne.

Cours d'eau. — Le territoire de la commune est arrosé
du sud-ouest au nord-est par la *Save*, rivière assez impor-

tante qui prend sa source au plateau de Lannemezan et baigne Lombez, Samatan, l'Isle-en-Jourdain (Gers), Lévignac, Montaigut et enfin Grenade, où elle se jette dans la Garonne, après avoir parcouru une distance de 112 kilomètres.

La *Garonne* arrose Grenade seulement à l'est, après l'avoir séparée de la section de Saint-Caprais. Autrefois le fleuve passait au pied de la ville ; et, à la suite des crues fréquentes auxquelles il est sujet, il y a lieu de craindre que ses eaux reprennent peu à peu leur ancien lit. Ce serait une cause de ruine pour certains propriétaires riverains.

Les anneaux d'amarre qui se voyaient aux murs de la chapelle de *Notre-Dame de Bon-Salut*, plus tard appelée des *Pénitents-Noirs*, sont une preuve que la Garonne a flotté sous les murs de la ville. Encore en 1740, on voyait des embarcations sur un bras du fleuve nommé la *Garonnette* qui baignait alors le pied de la métairie dite de *La Roque*.

Les témoignages historiques du moyen âge sont insuffisants pour déterminer la hauteur exacte du niveau des eaux de chaque inondation ; ce n'est qu'à partir du treizième siècle qu'il est possible de grouper quelques faits isolés. On n'en a de sûrs qu'à partir de l'année 1772, époque à laquelle fut établie l'échelle ou étiage au Pont-Neuf de Toulouse. Comme on peut s'en convaincre en examinant le tableau ci-dessous, l'inondation de 1875 fut l'une des plus fortes qu'on ait eues à enregistrer ; elle fut aussi la plus désastreuse par son étendue comme par les ruines accumulées sur le passage des eaux du fleuve.

Années	Jours et mois.	Hauteur au-dessus de l'étiage de Toulouse	Hauteur au-dessus de l'étiage de Grenade	Durée des inondations
1212				
1217	septembre.			
1258	juin.			
1281	21 mai.			
1310	août.			
1425	juin.			
1434				
1483	mai.			
1522				
1523	5 avril.			
1536	5 décembre.			
1542	novembre.			
1598	15 janvier.			
1599	avril.			
1608	octobre.			
1613	14 mai.			
1618	29 juin.			
1677	6 janvier.			
1678	juillet.			
1709	23 janvier.			
1712	9 juin.			
1727	12 septemb.			
1750	5 août.			
1770	30 av. et 1er mai			
1772	17 septemb.	7m 10		
1804	29 juillet.	6m 60		5 jours 1/2
1810	mai.	6m 63		5 jours.
1827	21 mai.	7m 05		9 »
1835	22 mai.	6m		
id.	29-30 mai.	7m 50		11 »
1855	3 juin.	7m 20	5m 50	8 »
1856	16 juin.	6m		14 »
1872	1er juin.	5m 70		5 »
1875	23-24 juin.	9m 70	7m 25	5 »
id.	1er novemb.	6m	5m 30	4 »
1876	9 novembr.			2 »

GÉOLOGIE. — Les grandes divisions géologiques sont toutes représentées dans le département. A Grenade, les bords
du fleuve sont composés de *terrains récents*, formés par les
alluvions de la Garonne, cause principale de leur fertilité.

Les parties du sol plus élevées sont composées de *terrains tertiaires,* formés par des dépôts *coquilliers* qui donnent de l'argile, des sables et même des traces de plâtre sur quelques points.

II — Géographie politique

La commune se divise en trois sections, dont la ville de GRENADE est le chef-lieu; elle renferme environ 4,000 habitants, dont près de 3,000 de population agglomérée.

Larra forme la première section, composée de 490 habitants, et se trouve éloignée de la ville de 7 kilomètres.

Saint-Caprais forme une deuxième section moins importante, puisque la population s'élève seulement à 304 habitants. Le village, éloigné du chef-lieu de 5 kil., est situé sur la rive droite de la Garonne ; on la traverse au moyen d'un *bac,* établi sur le fleuve pour servir de trait d'union entre la section et le chef-lieu de la commune.

Complétement détruit à la suite de l'inondation de 1875, ce petit village s'est vite relevé de ses ruines, grâce aux secours pécuniaires importants que la sollicitude de l'administration municipale de l'époque fit mettre à la disposition des habitants. En effet, le comité local de souscription, organisé aussitôt après le désastre, put ramasser spontanément dans la ville la somme totale de 14,531 fr. 10 ; cette somme fut immédiatement distribuée afin de subvenir promptement aux premiers besoins des inondés de Saint-Caprais, restés sans pain, sans vêtements et sans abris.

Successivement le comité central de Paris, présidé par Mme la Maréchale de Mac-Mahon, complétant l'œuvre réparatrice, ne tardait pas à faire parvenir des sommes importantes, destinées à la reconstruction des maisons détruites ou avariées. Les dons affluaient de toutes parts, et l'on peut, sans exagération, évaluer les secours de toute nature, reçus par nos inondés de Saint-Caprais, à la somme respectable de 200,000 fr. au moins.

La charité publique se montra, à cette époque, à la hauteur de l'immense désastre, et nous sommes autorisé à penser que les habitants n'auront garde d'oublier ceux qui mirent tous leurs soins à leur procurer les moyens de les relever de leur infortune.

Depuis sa reconstruction, à peu près terminée aujourd'hui, on y remarque une plaque commémorative, placée au centre du village. Due à la généreuse initiative de M. Miquel, cette plaque de marbre est destinée à rappeler aux générations futures le niveau de 1^m 50 d'élévation que les eaux du fleuve débordé atteignirent sur ce point. Elle perpétuera en même temps le sublime dévouement de M. Auguste Barcouda, maire, dont l'énergie et le courage rares lui permirent de sauver des familles entières, qui eussent infailliblement péri sous les eaux, s'il ne fût accouru à leur secours. La croix de la Légion d'honneur fut le prix de ce noble dévouement.

Cette plaque porte l'inscription suivante :

INONDATION DE LA GARONNE

JOURNÉES DES 23-24 JUIN 1875

A M. BARCOUDA, MAIRE DE GRENADE

CHEVALIER DE LA LÉGION D'HONNEUR

LES HABITANTS DE SAINT-CAPRAIS ET DU ROUANEL

RECONNAISSANTS

L'administration communale proprement dite est placée entre les mains du maire et de deux adjoints, chargés du pouvoir exécutif et assistés d'un conseil municipal élu, au nombre de vingt-trois membres. Nous ne nous attarderons pas à énumérer ici toutes les affaires administratives rentrant dans leurs attributions ; nous dirons seulement en substance que la mission des conseils municipaux a pour objet spécial d'assurer la bonne gestion des fonds communaux.

Grâce à la vive impulsion donnée par l'administration municipale actuelle, l'instruction des enfants de la commune y est largement assurée. Elle est donnée dans chaque section par les instituteurs laïques publics et par des congrégations religieuses pour les deux sexes. Une somme de 4,600 fr. environ est inscrite annuellement au budget de la ville pour le service de l'instruction primaire, afin d'assurer l'entretien des écoles communales laïques dirigées par quatre instituteurs publics.

La création d'une bibliothèque communale a été récemment tentée avec l'assentiment préalable et le concours de l'administration municipale. Il y a eu même un commencement d'exécution, puisque l'on a déjà versé le montant de quelques souscriptions. Mais la politique, que l'on a le tort grave de mêler à tout, a considérablement refroidi le zèle de ses promoteurs principaux. Espérons pourtant que ce projet sera repris. Nous formons des vœux pour sa réussite, car nous sommes convaincu que cette œuvre essentiellement moralisatrice aurait pour effet de produire les plus heureuses conséquences en faveur de l'instruction populaire. Il existe à Grenade des éléments trop intelligents pour que cette question philanthropique ne soit étudiée de plus près et résolue favorablement.

Il y a autant de paroisses que de sections administrées, au point de vue religieux, par leurs curés respectifs. L'importance du chef-lieu nécessite souvent la présence de deux vicaires adjoints au curé doyen, auprès duquel se trouve un *conseil de fabrique*, chargé, avec le curé, de déterminer l'emploi des revenus composant les ressources de l'église.

Pendant longtemps l'abbaye de Grand-Selve exerça le privilège qu'elle avait de nommer les titulaires des cures et chapelles placées sous sa direction et comprises dans le diocèse de Toulouse et de Montauban. Les archiprêtrés de Grenade et de Beaumont en firent partie jusqu'en 1663, époque à laquelle le clergé séculier lui enleva ce privilége, devenu pour Grand-Selve une source de conflits désagréables.

Grenade, qui était une seigneurie dont la superficie était de 794 arpents environ, fit longtemps partie de la fortune territoriale de l'abbaye, dont les revenus, comme nous le retrouverons plus loin, étaient partagés avec le *roy*. Ainsi, les biens de cette abbaye se composaient « des droits décimaux ecclésiastiques et autres utiles honorifiques énoncés dans le pariage avec le roi. Ses maisons, ses jardins, ses fours banaux dans la ville et sur son territoire, les deux moulins sur la Save, la tuilerie, les dîmes de la Voûte et du Rouanel, le château de Nougarolis (1) et la grange de Saint-Séverin ou de Larra, les droits de baillie, greffe, geôle..... La grange de Bagnols, dans la juridiction de Grenade, dont la contenance était, en 1687, de 1600 arpents de terre, appelée aussi dîmaire de Saint-Caprais, » lui appartenaient également.

Le dénombrement fait en 1520 indique que la possession de tout ce territoire était assurée à l'abbaye de Grand-Selve, moyennant quelques charges ou rentes perpétuelles destinées à l'entretien d'autres paroisses environnantes. Suivant les reconnaissances de 1368 et 1701, l'archevêque de Toulouse recevait 4 livres toulousaines pour le patronage de plusieurs églises : celles de Grenade, Larra et Saint-Caprais en recevaient leur part.

Sous le rapport judiciaire, toutes les communes du canton dépendent du chef-lieu. Un juge de paix y rend la justice, et, à côté de lui, se trouvent un commissaire de police, quatre gardes-champêtres et une brigade de gendarmerie à cheval.

A plusieurs reprises, des détachements de troupe d'artil-

(1) Nougarolis a complétement disparu aujourd'hui ; son emplacement est dans le lit de la Garonne, qui en emporta le château et ses dépendances lors de la crue du fleuve en 1855.

lerie y ont assez longtemps séjourné. Il y en eut encore lors de la désastreuse guerre de 1870, pendant laquelle les vastes locaux de l'école publique permirent d'y établir une ambulance pour nos soldats blessés.

A Grenade même résident un *Percepteur des Contributions directes*, chargé du recouvrement des impôts dans les communes de Grenade, Merville, Daux, Aussonne et Seilh, pour lesquelles il remplit aussi les fonctions de *Receveur municipal*;

Un *Receveur de l'Enregistrement et des Domaines* pour le canton;

Un *Receveur des Contributions indirectes* qui étend sa surveillance dans les communes des cantons de Grenade, Léguevin, Cadours, Fronton et Toulouse (ouest);

Un *agent-voyer* cantonal, chargé de la surveillance et de l'entretien des voies de communication de la 4e circonscription, dont font partie toutes les communes du canton de Grenade et quelques autres du canton ouest (Toulouse);

Un *conducteur* des ponts et chaussées est chargé du service hydraulique de plusieurs cantons.

Il existe aussi trois *études de notaire*.

Un bureau de *poste* y est également installé.

Depuis 1874 une *station télégraphique* y est établie par les soins de l'État qui entretient un employé chargé du service. Ce bureau est devenu plus important depuis que d'autres fils télégraphiques l'ont mis directement en communication avec les cantons voisins. Déjà ces communications ont lieu avec Toulouse, Montauban, Fronton, Villaudric, Villemur et Verdun (Tarn-et-Garonne). On pense que Cadours pourra plus tard être relié par un fil direct au bureau de Grenade.

L'administration télégraphique ayant été réunie à celle des postes, le service des deux bureaux sera probablement, dans un avenir prochain, confié à un seul employé.

III. — Géographie économique.

Le territoire de la commune est tout entier livré à la culture. Les céréales y sont cultivées sur une grande échelle, et trouvent dans le marché de la ville, tenu le samedi de chaque semaine, un facile débouché pour l'exportation de ses produits.

Voies de communication. — Les chemins vicinaux se décomposent en deux classes ou catégories, savoir :

Le réseau subventionné s'étend sur une
longueur de. 18ᵏ 582
Le réseau non subventionné. . . . . . .   12 ; 405

De sorte que la commune possède une
longueur totale de chemin de. . . .   30ᵏ 987

Produits du sol. — Sillonnée de voies de communication régulièrement entretenues, l'écoulement des récoltes de toute nature s'effectue sans difficulté, et la grande quantité de jardinage, fourni par la petite plaine de la *Hille*, pourvoit abondamment chaque semaine les marchés de Lévignac, Cadours, l'Isle-en-Jourdain, Beaumont-de-Lomagne et même Toulouse, quoique dans une moins notable proportion.

Le blé, le maïs, l'avoine, les pommes de terre, les haricots, tous les légumes enfin y viennent abondamment et font l'objet d'une grande culture. Les prairies artificielles, qui constituent un des revenus les plus importants du sol, fournissent également au marché de Toulouse du fourrage en assez grande quantité.

La vigne tend généralement à se multiplier malgré les craintes que peut inspirer l'approche du phylloxéra. Le vin provenant de certains *plantiers* est excellent ; il en est même qui pourraient rivaliser avec les meilleurs crus de Fronton et de Villaudric. On y récolte aussi beaucoup de vin blanc, dont certaines qualités sont très-estimées.

On expédie du vin rouge à Bordeaux, qui nous le renvoie ensuite comme étant le sien propre, après ce nouveau baptême. Paris reçoit aussi de nos vins qui sont justement estimés des personnes qui le connaissent.

On se livre encore dans le pays à la culture du *millet à balais*; c'est une industrie facile qui produit de bons résultats. Le *lin* y est cultivé avec succès, car il donne une qualité supérieure de filasse, jouissant d'une réputation méritée. Les *arbres fruitiers* y sont en petit nombre. La commune possédait naguère quelques bois dont une grande partie a été successivement défrichée. On présume cependant qu'avant la fondation de la ville, il existait une grande forêt de châtaigniers dans la contrée.

La culture du tabac y serait possible, puisque d'ailleurs, en 1810, Grenade avait sa manufacture, dont la suppression fut, dit-on, une cause de ruine pour le propriétaire. On raconte même à cette occasion dans quelle circonstance l'État voulut s'en réserver le monopole :

« Dans les premiers jours de 1810, Napoléon Ier donna aux Tuileries un grand bal où se montrèrent les célébrités de tout genre, les femmes les plus à la mode et les plus élégantes. Parmi ces dernières, une attira plus particulièrement les regards de l'Empereur, par la profusion des diamants dont elle était couverte. Il s'enquit du nom de cette dame, et apprit qu'elle était femme d'un fabricant de tabacs. Quelque temps après, au mois de novembre suivant, paraissait le décret qui attribuait à l'État le monopole de ce produit. Napoléon avait compris quelle source de revenus cette plante pourrait être pour l'État. »

ANIMAUX DOMESTIQUES. — Les animaux domestiques sont les mêmes que ceux du département dont la plupart payent un large tribut à l'alimentation générale. Les volailles :

oies, canards, poules dindes y sont élevés sur une vaste échelle et fournissent des produits justement estimés.

INDUSTRIE, COMMERCE. — Deux moulins à farine ont été établis sur la Save. Une version ferait croire qu'ils furent construits « au profit du roy Charles VI, par l'abbé de Grand-Selve, en 1397 et 1412. »

Si on peut ajouter foi à ce qui est dit dans une délibération du 20 mars 1740, on reconnaît que cette assertion est pour le moins erronée. Nous transcrivons littéralement le passage relatant l'existence de ces deux moulins, à une époque antérieure même à la fondation de la ville. « La communauté prie MM. Soulier, premier consul, et Pérignon, lieutenant, de se transporter en l'abbaye de Grand-Selve pour voir les titres sur lesquels M. l'abbé de Grand-Selve peut prétendre *establir* que c'est à la communauté à faire réparer la tour qui est près le moulin, et qui *prouvent que les moulins estoient bastis avant la ville aux lieux-mêmes où ils sont actuellement......* » (Voir l'acte de fondation.)

L'une de ces deux usines a conservé sa destination primitive; cependant on y introduit actuellement de sérieuses améliorations qui permettront d'en faire une minoterie pouvant acquérir une certaine importance. L'autre a été tout récemment transformée par le propriétaire actuel en une scierie mécanique, mue par l'eau. La main-d'œuvre pour la préparation des bois de construction, dont on fait un commerce très-étendu à Grenade, était devenue si exigeante, que les marchands de bois ont accueilli avec empressement cette innovation utile.

Deux fabriques de cordes sont établies en ville; l'une d'elles envoie ses produits à Toulouse, l'autre les transporte dans les marchés voisins. Une vermicellerie fournit des pâtes alimentaires en assez grande quantité pour suffire aux besoins de la ville et du canton. Il existe aussi deux clouteries importantes.

Des fabriques de balais et de sabots viennent compléter les industries privées dont la ville de Grenade est dotée, et nous aurons décrit à peu près toute l'industrie locale, lorsque nous aurons signalé les entrepôts de fer de l'Ariége et les magasins de quincaillerie qui, avec les magasins d'épiceries, draperies, toileries, lainages, de chaussures, de chapellerie et autres objets s'y rapportant, forment aussi des entrepôts pour l'alimentation générale et les opérations commerciales du canton.

Une fabrique de réglisse, renfermant une machine à vapeur, occupe de nombreux ouvriers et exporte au loin ses produits. On doit encore mentionner les nombreuses boulangeries établies dans la ville. Mais nous ne saurions passer sous silence les boucheries, à la disposition desquelles la ville a mis un abattoir nouvellement construit et qui, avec les autres produits, font de Grenade un centre important d'approvisionnement.

A l'origine de la ville, le marché avait été fixé au mercredi ; on le tient aujourd'hui tous les samedis, et il a acquis une importance considérable par la vente des grains qui y sont apportés, malgré qu'à la suite de l'inondation de 1875 la chute du pont suspendu, reliant la rive droite à la rive gauche du fleuve, eût porté atteinte aux transactions commerciales. Ce pont est maintenant rétabli. Quand, pour la première fois, il fut question de bâtir un pont de ce genre, la ville, pour assurer le développement de son commerce, s'était imposé de grands sacrifices, car elle fournit bénévolement la somme de 24,000 francs pour la construction de ce pont, établi sur la Garonne entre Grenade et Ondes.

Faite sans condition, la ville ne retire aucun bénéfice de sa libéralité, et l'on est fondé à penser que cette somme eût été mieux employée si elle avait fait construire à ses frais un pont en pierre. Toutes les communes riveraines se seraient sans doute intéressées à sa construction, pour laquelle des actionnaires auraient pu fournir des capitaux suffisants afin d'établir une œuvre plus durable.

Primitivement, Grenade ne devait avoir que deux foires, tenues le 1er mai et le 6 décembre ; la première, le jour de

S. Philippe et S. Jacques, et la seconde, le jour de S. Nicolas, qui en 1316 deviendra celle du lendemain de la Pentecôte. Elles ont lieu aujourd'hui le troisième samedi des mois de février, avril, juin et décembre, mais toutes les tentatives faites pour leur donner plus de valeur ont échoué. Seule celle de la Saint-Luc, tenue le 18 octobre de chaque année, a pu se maintenir et est remarquable autant par la nature des affaires auxquelles elle donne lieu que par l'affluence considérable des étrangers qui s'y rendent.

Cette foire, qui dure deux jours, remplaça celle de la Saint-Jacques en 1316 ; celle de la Saint-Blaise, créée en 1469, en même temps que celle de la Saint-Jean, devait durer trois jours. Nous avons trouvé sur les registres des délibérations (1584), que la municipalité de l'époque crut devoir prendre des mesures énergiques pour les maintenir contre le *descri* dont elles étaient l'objet dans la contrée. Cette dernière n'existe plus aujourd'hui.

Grenade communique avec Toulouse par le chemin de fer. Un omnibus spécial, entretenu par la Compagnie du Midi, fait le service quatre fois par jour, et se rend de Grenade à la gare de Castelnau-d'Estrètefonds en passant par la petite commune d'Ondes, relevée de ses ruines récentes.

Deux diligences font également le service matin et soir entre Toulouse et Grenade ; en passant sur la route départementale n° 13, elles desservent les communes de Merville, Aussonne, Seilh, Beauzelle et Blagnac.

Deux pharmacies sont établies dans la ville et fournissent aux malades tous les produits pharmaceutiques.

La médecine y est exercée par trois *docteurs médecins* qui prodiguent aux malades tous les soins qu'une profession difficile et délicate réclame de leur science autant que de leur dévouement. Deux *sages-femmes* partagent avec eux les soins à donner aux malades du sexe féminin.

Deux *vétérinaires* sont également établis dans la ville.

A côté d'un Bureau de Bienfaisance fonctionnant très-bien se placent naturellement les Sociétés de secours mutuels, au

2

nombre dé quatré. Elles témoignent de l'intérêt que la population porte à ces associations éminemment utiles dont les bienfaits se répandent dans l'ombre, en dehors des violentes secousses politiques qui viennent trop souvent saper les fondements des institutions les mieux assises. Ces sociétés sont toutes prospères, car elles possèdent toutes aussi un capital de réserve, productible d'intérêts.

Une station météorologique agricole y est établie depuis peu de temps.

IV. — Géographie historique.

GRENADE est un chef-lieu de canton de l'arrondissement de Toulouse, situé au confluent de la Garonne et de la Save, non loin de la ligne du chemin de fer de Bordeaux à Cette; elle en est séparée par la Garonne et le canal Latéral. Cette petite ville est placée à 120 mètres d'altitude au-dessus du niveau de la mer.

Fondée en 1290 par les moines de l'abbaye de Grand-Selve (Ordre de Cîteaux), douze ans environ après celle de Beaumont-de-Lomagne, la ville fut construite sur l'emplacement d'un étang desséché, sous le règne de Philippe le Bel, au centre d'une contrée très-fertile. La charte de fondation, ainsi que l'acte d'inféodation, fut confirmée par les rois Jean (1350), Louis XI et Charles VIII. (Voir Du Mége, *Histoire de Languedoc.*) Au mois de juillet, 1498, Louis XII donnait des lettres-patentes portant confirmation de tous les priviléges, franchises et libertés accordées à la nouvelle bastide. En 1565, autre confirmation des mêmes priviléges par le roi Charles IX. En 1632, une nouvelle confirmation était donnée par Louis XIII.

Les travaux d'édification furent exécutés sous la direction de l'abbé Alfarici et d'Eustache de Beaumarchais, sénéchal de

Toulouse, qui lui donna le nom de la gracieuse cité espagnole, en souvenir du commandement qu'il avait exercé au delà des Pyrénées. D'après une opinion répandue dans le pays, mais démentie par l'histoire, son nom viendrait de *Granata*, à cause de l'abondance des grains produits par le territoire du pays environnant. Cette thèse est inadmissible, puisque la plupart des bastides ou villes neuves, créées au moyen âge dans nos contrées, ont reçu, comme Grenade, le nom de villes célèbres, telles que Bologne, Florence, Cordoue, Pavie, etc.

Ce fut le 11 mai 1291 que les habitants reçurent la première charte de fondation des mains des deux fondateurs de la nouvelle ville; et, au mois d'août suivant, le roi confirma les priviléges et les coutumes précédemment donnés par Eustache de Beaumarchais, son représentant. Celui-ci les publia en présence de Beraud Sans, juge de Rieux, et de Barthélemy de la Garde, juge d'Albigeois. En même temps, l'abbé de Grand-Selve, en sa qualité de seigneur de l'endroit, convenait de posséder la nouvelle ville de Grenade en paréage avec le roi. (*D'après Du Mége.*)

On avait d'abord pu croire, en lisant ces documents, que la fondation avait eu lieu en 1291; mais l'acte que nous avons sous les yeux est formel et s'exprime ainsi : « *Acta fuerunt hoc apud rapistagium die lunæ ante festum Nativitatis beatæ Mariæ Virginis anno Domini millesimo ducentisimo nonagesimo regnante Domino Philippo rege..... et ea approbamus actum Parisiis anno Domini millesimo ducentesimo nonagesimo mense novembris.* »

L'acte fut donc approuvé à Paris au mois de novembre 1290.

Le territoire sur lequel la ville fut bâtie portait le nom de *Grange de Vieil-Aygues* ou *Aygues-Vieille ;* ce qui, au besoin, semblerait justifier l'assertion relative à l'étang desséché sur lequel elle aurait été élevée. Un *appointement* du sénéchal, en date du mois de septembre 1291, rendu à la requête de l'abbé de Grand-Selve, et adressé au bailli de Grenade, *Bajulo de*

Grenata, prouve clairement que la ville porta sa nouvelle dénomination dès l'année qui suivit sa fondation.

Grenade se trouve à 25 kilomètres de Toulouse et à 28 kilomètres de Montauban. Elle était jadis entourée de larges remparts, flanqués de tours, au pied desquels avaient été creusés des fossés profonds, comblés aujourd'hui et remplacés par de belles promenades. On ignore l'époque à laquelle durent être bâtis les murs et parois d'enceinte, mais il est certain qu'ils existaient encore à la fin du dix-huitième siècle, en 1739. On sait toutefois que le pays de la jugerie de Verdun fût autorisé à s'imposer pendant six années, afin que les villes pussent se mettre en état de résister aux Anglais (21 avril 1412). Grenade pouvait y être comprise; elle reçut d'ailleurs une remise d'impôt en 1495 pour réparation à faire aux murs de la ville; elle était chargée de les entretenir et de les réparer moyennant la concession, faite par les moines, du Port-Haut et du Port-Bas.

La tour qui était près du moulin était en bon état en 1745. Les parois du côté de Toulouse et de Verdun étaient très-élevées et d'une épaisseur considérable. A la porte de Verdun, on pouvait lire, au bas d'un cadran solaire, ces vers d'un distique de Caton : *Si presens tibi fausta sequens fortasse sinistra.* La tour établie sur la porte de Toulouse, dont la grille fut vendue en 1766 au profit des pauvres, parmi lesquels régnait une grande misère, avait plate-forme et créneaux et servait de prison. Nous avons vu plusieurs délibérations de l'époque faisant mention de cette destination spéciale. Une pierre, où étaient représentées les armes de France du côté de dehors, semblait en faire remonter la construction au règne de Charles VI. On y voyait *deux cerfs ailés et trois fleurs de lis,* écusson de ce prince vers 1381. Les deux tours de la porte de Toulouse et de Verdun furent démolies en 1795. Celle du pont de Save l'avait été peu d'années avant. L'une des tours de la ville avait été bâtie à la fin du quatorzième siècle. L'autorisation, donnée le 27 août

1385, nous porte à croire que les murs d'enceinte étaient antérieurs aux indications citées plus haut.

Celle qui était à l'angle nord du côté des religieuses a disparu ; celle des Capucines n'existe plus. On y voyait, au-dessus d'une niche destinée à recevoir une image de la Vierge, les armes de la ville et celles du roi. Les premières consistaient en un *écu semé de fleurs de lys d'or à la bordure de même*. On remarquait aussi à côté les écussons des consuls sous lesquels la tour fut sans doute bâtie, mais il n'en reste plus aucune trace.

« Il y avait autrefois dans les archives de la mairie, dit Magi, un *Missel*, écrit sur grand vélin, enjolivé d'ornements en miniature. Il fut lacéré pendant la Révolution, et ce qui en fut conservé servit ensuite pour faire prêter serment. Ce missel avait été commencé en 1399 pour l'auteur, pour la grange de Vieille-Aygues, pour l'abbé, le couvent et le monastère. » Il en existait plusieurs exemplaires. Dans ce manuscrit, il est dit que le « 16 du mois de décembre 1308, le pape Clément V se rendit au monastère de Grand-Selve et ensuite à la grange de Vieille-Aygues, où il coucha, suivi de sept cardinaux. » A un autre endroit du manuscrit on trouve que ce même « pape avait couché en 1305 à la grange de Banhols. »

Dans une ville fondée par des moines et gouvernée par des capucins, tout dut se passer au gré de ces religieux et prendre une couleur monacale : la plupart des rues de la ville prirent des noms de saints, qu'elles ont d'ailleurs conservés jusqu'à nos jours. Tout un quartier prit le nom de Saint-Bernard. On eut ainsi le cimetière de Saint-Bernard. Il fut un moment où l'on donnait le nom de saint Bernard à presque tous les enfants.

On est, d'après cela, porté à croire que l'influence dominatrice exercée par les moines était complète. On ne doit point s'en étonner, puisque Grenade fut primitivement environnée de cinq ou six grosses *fermes* ou *granges* représentant autant de couvents de frères capucins. Les femmes allaient de préférence à leurs chapelles qui, dans la suite, prirent le nom d'oratoires. Cependant le dimanche on donnait la préférence à Grand-Selve, dont les moines venaient sans doute dire les offices eux-mêmes à la paroisse.

Une ordonnance du sénéchal de Toulouse dit que les assises seront tenues à Grenade le *mardi* après le dimanche des Rameaux (1295). Un règlement du sénéchal d'*icelle* indique que les assises seront tenues au dit Grenade le 2 juillet 1316. Les habitants jouirent d'une tranquillité relative. Néanmoins ils ne gardèrent pas toujours le même calme, car à la suite des « *tumultes et séditions* faits en ladite ville un jour de *feste*, les consuls, manants et habitants obtinrent des lettres patentes portant approbation et continuation de la procédure faite par le sénéchal de Toloze » (août 1366). Celui-ci, en effet, avait fait condamner à mort dix-sept habitants de Grenade pour des méfaits graves qu'il ne nous est pas possible d'énumérer. Plus tard, d'autres soulèvements contre l'autorité se manifestèrent en Guyenne et en Languedoc. Des séditions violentes auraient eu lieu dans les environs de Grenade, sans doute à la suite des exactions commises par les seigneurs, dans les contrées placées sous leur domination ou leur commandement.

Les habitants de Grenade avaient souvent témoigné au roi une grande fidélité; aussi, en plusieurs circonstances, reçurent-ils, en retour, des dégrèvements d'impôts pesant sur le pays. Ainsi en 1383, il leur fut accordé pendant neuf années une remise d'impositions, « en raison des grandes pertes et dommages par eux soufferts pendant la guerre des Anglais, » et de leur fidélité constante.

Suivant les lettres-patentes du 15 juillet 1384, le duc de Berry fit remise aux habitants de Grenade de la somme de 1,700 livres, à laquelle s'élevait « leur taxe et portion de la somme de 800,000 livres, que les pays rebelles des pays de Languedoc avaient été condamnés à payer. « Il fit *dón* et *quittance* à la communauté de Grenade, à cause de sa fidélité inaltérable à la cause du Roy. »

Toulouse, Carcassonne, Narbonne, Nîmes, entre autres villes, devaient payer, suivant l'arrêt du grand conseil, 8,000 livres chacune, « pour leur rébellion, désobéissance, crime de lèse-majesté..... » Des lettres-patentes du roi, en date du 27 juillet 1390, confirmant des lettres-patentes antérieures (1383), indiquent que Grenade était exemptée de payer la contribution de guerre imposée aux villes rebelles. On doit même supposer que ces impositions frappaient toute la contrée, sans cela le roi n'eût pas eu besoin d'intervenir, puisque Grenade et ses habitants n'avaient jamais pris part aux mouvements insurrectionnels ou politiques, à la suite desquels le gouvernement croyait devoir infliger ces moyens de répression.

Une autre réduction de charges est indiquée dans des lettres-patentes données par le roi Charles VI le 5 mars 1420, « à cause des *ruynes* et dommages soufferts par les habitants de Grenade pendant les guerres et autres causes... »

« ..... En 1527, la famine et la peste, qui, à cette époque désolaient le Languedoc, obligea le parlement de Toulouse, au nombre de trois présidents et de dix-huit conseillers, de se transférer à Grenade, où il tint ses séances. » — « Les états de Montpellier, tenus au mois d'août de l'an 1527, écrivirent à cette cour, touchant la réformation de la justice du parlement et le soulagement des parties..... Enfin on taxa à cette assemblée les frais des voyageurs, dans toutes les *hostelleries* du Languedoc, à *huit sols* par journée d'homme et de cheval..... »

La ville occupe l'espace d'un carré divisé sous forme d'un damier ; ses rues sont larges, spacieuses, tirées au cordeau et se coupent à angle droit. Régulièrement percées, elles partent toutes de la halle, qui est placée au centre, et vont porter pour ainsi dire, comme des artères, l'animation, la vie dans les divers quartiers se développant autour d'elle.

Sa longueur est de . . . . 600 m.
Sa largeur est de. 540
Sa superficie est de. . . . . 32 h. 40
Son périmètre est de. . . . . 2 kil.
La longueur des rues, au nombre de quatorze,
   est égale à. . . . . 6 kil.
Ses maisons sont au nombre de 769
Celles de toute la commune réunies forment un
   total de 1103

Dans ce nombre ne sont pas comprises les constructions nouvelles qui ont lieu sur la porte de Toulouse, où se crée un faubourg assez important.

Enfin, « grâce à son heureuse situation dans un pays productif, au débouché de la vallée de la Save et sur le transit des grains de la Gascogne, la nouvelle ville ne tarda pas à prendre un rapide développement, et devint une des plus considérables du diocèse de Toulouse. Dès le quatorzième siècle, elle était reliée à la rive droite par un pont sur la Garonne. Ce pont fut détruit en 1550 par ordre des capitouls de Toulouse, afin de fermer le passage aux troupes anglaises qui battaient alors le pays. » (*Roschach*). Il dût être probablement reconstruit, car en 1733 encore il y en avait un au Port-Haut qui menaçait ruine et qui plus tard fut emporté par les eaux grossies du fleuve. Ce dernier pont était en bois.

Actuellement, par sa population, Grenade est la cinquième commune du département de la Haute-Garonne. Elle put être un moment la capitale de l'élection de Rivière-Verdun, quelque temps après que Louis XI eut détaché du Languedoc les anciennes judicatures de Rivière et de Verdun, pour être jointes au gouvernement de Guyenne et de Gascogne. En outre du Burgaud, de Merville et de Grenade, qui avaient été distraites de la jugerie de Verdun, plusieurs communes des cantons de Cadours, Saint-Lys, Muret et Rieumes furent rattachées à la subdélégation de Grenade, dépendante alors de l'intendance d'Auch. Ces communes étaient : Brignemont (*Cadours*), Bonrepos, Cambernard, Fonsorbes, Lamasquère,

Saint-Lys, Sainte-Foy (*Saint-Lys*) ; le Lherm, Saint-Clar (*Muret*) ; Beaufort, Forgues, Rieumes (*Rieumes*).

On a dit que son château, dont on ne connaît pas de traces, fut dévasté par les Albigeois. Cette assertion paraît au moins douteuse, si l'on remarque que Grenade fut fondée seulement soixante-un ans après la conclusion du traité de Meaux, en 1229, qui mettait fin à la guerre des Albigeois et préparait ainsi la réunion du comté de Toulouse à la couronne. On sait seulement que plus tard la ville elle-même eut beaucoup à souffrir des guerres de religion.

On raconte en effet, qu'en 1562, la guerre civile éclata à Beaumont et à Grenade. « Suivant les historiens de la réforme, à Beaumont, cinquante prêtres fondirent l'épée à la main sur les réformés et les forcèrent à prendre les armes. A Grenade, la mort d'une femme, immolée en pleine rue par six moines armés, fut, selon les mêmes historiens, le signal de la lutte. » (*Jouglar*.)

Nous ne savons ce qu'il y a de vrai ou d'exagéré dans tout cela ; toujours est-il que vers 1568 la guerre civile apparut dans la contrée avec toutes ses horreurs. Le pouvoir discrétionnaire et dictatorial que Monluc s'était arrogé, contrairement aux intentions de la cour et aux instructions du sage chancelier de l'Hôpital, amena des exactions regrettables dont fut victime Philibert Rapin, qui avait embrassé la doctrine des réformés.

Le sang coula entre catholiques et protestants ; la lutte fut si vive, que la partie de la ville du côté de la Save fut détruite entièrement. Cependant la guerre injuste que les partis se faisaient entr'eux cessa et un traité de paix fut conclu. Rapin, homme de mérite et justement apprécié de Condé, fut chargé de mener les négociations à bonne fin. Mais, au mépris de la foi du traité qu'il était chargé de faire ratifier par le Parlement de Toulouse et sur un ordre du premier président d'Affis, il fut arrêté dans sa terre des *Rebauts* (1)

(1) Cette terre, distraite du territoire de Grenade, appartient aujourd'hui à la commune d'Aucamville, canton de Verdun (Tarn-et-Garonne).

par les consuls de Grenade, auxquels s'étaient joints une foule de gens armés.

Le consul de Grenade, chargé d'exécuter cet ordre, le fit conduire sous bonne escorte à Toulouse, où il fut condamné à mort par les capitouls et exécuté sur la place Saint-Georges, trois jours après son arrestation. (*Le mandat d'amener existerait encore dans la mairie de Grenade.*) C'était plus qu'il n'en fallait pour rallumer la guerre. Cette exécution surexcita de nouveau les esprits et amena des représailles terribles de la part des partisans de Rapin, qui, partis de Montauban pour venger la mort de l'un de leurs chefs, incendièrent tout le pays et en particulier Grenade et ses environs. (*D'après Jouglar.*)

En vain l'autorité avait-elle décrété des mesures rigoureuses contre les réformés ; en vain les édits provoqués par ces guerres de religion défendirent-ils de suivre l'armée rebelle du prince de Condé « sous peine de voir ses biens confisqués et d'être pendu » (arrêts des 18, 30 mars et 20 avril 1569) ; les insurgés n'en furent pas moins nombreux. Et il fallut essuyer les avanies de dix mille Montalbanais, dont la contrée se rendit tributaire. La mort de Rapin fut largement vengée, car ses coreligionnaires « promenèrent le fer et le feu dans tout le pays et en firent un désert. » Comme conséquence, le 13 juillet 1576, le roi Henri III ordonnait « la saisie et vente des biens de ceux de la religion réformée » se trouvant sans doute dans la ville.

En 1621, le roi Louis XIII, se rendant à Toulouse, passa et séjourna à Grenade. Une délibération de la municipalité de l'époque fait mention de la manière dont fut préparée sa réception. Ce voyage eut lieu à l'occasion de la levée du siége de Montauban, où de Luynes échoua contre les efforts du marquis de la Force, défenseur de cette ville. Sous la conduite du sieur Pierre Lafaure, chargé d'un commandement pendant ce siége, Grenade eut à fournir son contingent d'hommes et des subsides de toute nature.

En 1648, le différend qui s'était élevé entre l'évèque de

Rieux et le marquis de Rabat réunissait à Grenade plusieurs hauts personnages en présence desquels eut lieu la soumission du marquis, qui fit un aveu formel de ses torts envers l'évêque.

Déjà, en 1338, la *peste noire* avait envahi la contrée et y avait fait de grands ravages.

Comme nous le verrons encore plus loin, la peste sévissait cruellement aux environs de Toulouse (1652). Ce n'était pas assez pour affliger le pays : à ce fléau vinrent s'ajouter les vives inquiétudes causées par la présence, dans les vallées de la Save et de la Gimone, des troupes royales et des troupes rebelles toujours prêtes à en venir aux mains. La guerre de la Fronde eut ses épisodes dans la Guyenne. Pour se débarrasser d'un voisinage aussi gênant, les villes de Beaumont et de Grenade consentirent à payer au comte d'Harcourt, chef de l'armée royale, et au prince de Conti, chef de l'armée rebelle, une contribution de guerre de 15,000 livres, dont le parlement de Toulouse, redoutant l'approche des belligérants, exigea le payement immédiat. (*D'après Roschach.*)

Le 14 juillet 1754, les sieurs de Pérignon et de Lasserre communiquèrent à l'assemblée des documents qui, d'après eux, permettaient de soumettre à la taille certains domaines, jouis *noblement* par les propriétaires de l'époque. A ce sujet, un procès était déjà engagé entre le marquis de Castelneau et les religieux de Grand-Selve. La communauté de Grenade était partie dans cette affaire; malgré que l'on eût commencé sans elle, elle commit l'imprudence d'entrer en lice. Elle se mit donc en état de prouver la *nobilité* ou la *ruralité* du domaine de *Bagnols*, objet du litige, possédé par les religieux. Dès ce moment il n'est plus question du marquis de Castelneau, car la communauté de Grenade paraît rester seule pour soutenir ses prétentions.

Ce procès, jugé par la cour des *aydes* de Montauban, dura deux ans et se termina (1756) par la condamnation de la communauté à la somme de 5,515 livres pour frais et dépens. Ni la protection du prince de Conti ni celle du sieur de Murar, *conseiller du parlement de Paris et chef de son conseil*, n'avaient pu déterminer les juges à donner raison à la ville, quoique, en apparence du moins, la vérité parût être de son côté.

Le 1er septembre 1699, l'office de *maire* fut rendu *perpétuel* et sans gages. Cette charge qui jusque-là avait été vénale, obtint son remboursement, et la somme fixée fit l'objet d'une imposition qui atteignit tous les habitants. Elle s'éleva à 5,626 livres, dont 5,000 pour le remboursement de la charge. Dès ce moment, elle fut exercée par le premier consul. En cette qualité, Fabry succéda à M. de Pérignon, maire depuis 1693.

En 1774, par un édit daté de Compiègne, le parlement de Toulouse était exilé, et M. de Cazalès, qui en faisait partie, fut obligé de rentrer à Grenade, d'où il ne put sortir que sur un ordre exprès du roi. (*D'après Roschach.*)

On était en 1775, et déjà depuis longtemps le sud-ouest de la France était ravagé par une épizootie des plus meurtrières qui atteignit les bêtes à cornes. Dans toute la Guienne, on dut recourir aux chevaux et aux mulets pour le labour des terres, car sur le rapport de Vicq-d'Azyr, célèbre vétérinaire envoyé de Paris afin d'étudier de plus près la maladie et tâcher d'en arrêter les progrès, on fut obligé d'abattre tous les animaux de l'espèce bovine, depuis Bayonne jusqu'à Grenade. La mesure était radicale ; mais jugée indispensable, elle fut appliquée sur un vaste rayon. Le bœuf attaqué devenait morne, refusait toute nourriture, se tenait d'aplomb sur les jambes en se balançant et tombait au bout de trois ou quatre jours.

Des cuirs verts de Russie, venus de Hollande, ayant été débarqués sans précaution sur la côte de Bayonne d'où le mal se répandit, on crut pouvoir prétendre que le fléau était importé de cette contrée lointaine. Et pour l'empêcher de se propager, un cordon sanitaire de troupes fut formé dans le but d'interdire toute communication avec les pays limitrophes. Grenade, à cette époque, par le bac établi sur la Garonne, servant de trait d'union entre les pays circonvoisins, on décida d'y établir la tuerie de tous les bestiaux atteints ou condamnés à périr, y compris ceux des lieux cernés par les troupes. « A cet effet, dit M. Roschach, les munitionnaires de la marine reçurent l'ordre d'y établir un atelier de salaison dont les produits, transportés sur barque jusqu'à Bordeaux, devaient être débités dans les ports pour les besoins de la navigation et du commerce. » Malgré que la maladie contagieuse n'eût pas pénétré dans la juridiction de Grenade, grand était l'embarras du boucher qui se procurait difficilement des animaux, pour le choix desquels les autorités locales se montraient alors d'une sévérité excessive, mais prudente (Délib. du 8 janvier 1875).

Ce que l'on appelait jadis la *chaîne des forçats* passait souvent à Grenade, dont la municipalité paya longtemps les frais périodiques qu'elle nécessitait.

Vers 1782, le sieur Gineste, notaire, puis maire, réussit à faire concéder à Grenade les riches alluvions se trouvant sur les bords de la Garonne; et successivement la commune s'étant mise à planter, se trouva possesseur d'un beau ramier.

Lors de la division de la France en départements en 1790, Grenade devint le chef-lieu du district de Grenade-Beaumont, composé de cinq cantons : *Saint-Nicolas-de-la-Grave*, *Beaumont*, *Cadours*, *Verdun* et *Grenade*. Cette décision, due à la disposition particulière de la ville autant qu'à l'influence de Cazalès, mécontenta vivement la commune de Beaumont, à laquelle cependant on avait attribué le *district judiciaire;* les habitants auraient voulu réunir chez eux l'administration entière. En partageant ses faveurs, l'Assemblée constituante agit sagement; mais l'amour-propre des habitants était froissé. Désormais ils chercheront à se venger de leur échec sur Grenade qui, en effet, paya cher le succès remporté sur ses deux rivales, Verdun et Beaumont.

Hugueny surtout lui voua une haine mortelle et employa tous les moyens pour assouvir sa vengeance. On pensait à Beaumont qu'il y avait en lui de la graine de député. On ne pouvait pardonner à Grenade de lui avoir barré le passage. Investi du pouvoir absolu sur toute la contrée par le commissaire représentant, Paganel, siégeant à Toulouse, Hugueny dirigea sur Grenade l'armée révolutionnaire qui fondit sur la ville et ses environs et les mit à sac complètement. Tous les moyens d'intimidation furent mis en œuvre. Ainsi le 17 brumaire, à quatre heures du matin, la force armée se déployait dans la ville, gardait toutes les issues; les canons étaient braqués partout après s'être révolutionnairement emparée de la maison commune.

Rien ne fut épargné dans la ville et ses environs; dix-huit maisons furent livrées au pillage et plusieurs notables jetés en prison. Le butin était soigneusement enfermé, et la nuit les gens de Beaumont venaient le chercher avec des sacs. Pendant quarante jours, il fallut subir les excès de toutes sortes; heureusement la Convention licencia cette armée, plus apte à faire détester la République naissante qu'à l'affermir.

Malarmé, représentant du peuple, ayant succédé à Paganel, ordonna d'informer les excès reprochés au commissaire Hugueny et à ses lieutenants; mais les uns furent acquittés et les autres amnistiés quelque temps après. Nous devons ajouter que le district, transféré à Beaumont sur les instigations d'Hugueny, fut aussitôt après rendu à Grenade.

Depuis ce moment, Grenade recouvra son calme et sa tranquillité. Cependant le nommé Sérac, patriote, se trouvant à Verdun un jour de foire, fut reconnu pour fédéré à la ganse jaune de son bonnet; on l'attaqua, on le frappa, on le laissa pour mort dans la rue.

Le nommé Majorel, auteur de ce guet-apens, se vit condamné à la peine de mort (an VII). Dans la nuit de l'affaire de Verdun, un homme, soupçonné d'être émissaire d'un des partis, fut traîné dans la campagne, baigné dans son sang. Comme toujours la violence appelle la violence; on ignore l'auteur de ce meurtre; toutefois c'est le seul que Grenade ait eu à déplorer.

Alors que les soldats ennemis foulaient de toutes parts le sol de la France, en 1814, Grenade vit aussi les Anglais rançonner ses environs. L'imprimerie de campagne et le trésor de l'armée se trouvaient dans la ville ; Wellington avait installé son quartier général à Grenade d'où partaient tous les ordres et les subsides destinés aux divers corps d'armée d'invasion.

« Le 4 avril 1814, dit M. Thiers, jour de la première abdication de Napoléon, le général anglais réussit, malgré le courant, à jeter un pont de bateaux près de Grenade (au Port-Haut) et transporta sur la rive droite le corps du maréchal Béresfond. Ce corps était à peine au delà de la Garonne qu'une crue subite et violente, comme on en voit souvent en cette saison, assaillit le pont et l'eut bientôt emporté. »

Une légende raconte qu'une ville importante existait jadis sur l'endroit même où Grenade fut établie ; elle portait, dit-on, le nom de *Villelongue*, et s'étendait du Port-Haut au Pont-du-Diable. Cette ville ayant été détruite, c'est sur son emplacement que les moines de Grand-Selve auraient jeté les fondements de la nouvelle bastide. En l'absence de documents authentiques, on peut douter. On affirme pourtant avoir trouvé des murs entiers en fouillant le sol dans les environs de Grenade. On prétend même qu'un aqueduc traversant la ville et aboutissant au Port-Haut aurait été retrouvé. Ce qu'il y a de certain, c'est que le plan primitif de la ville paraît indiquer qu'elle devait avoir des proportions plus considérables. Ce tracé semblerait donner raison à cette légende populaire, transmise d'âge en âge par la tradition.

Si le souvenir seul permet de consigner ici des faits contemporains, il n'en est pas de même dès qu'il s'agit de remonter à la fondation de la ville ; car on ne trouve guère plus de traces des archives qui, autrefois, étaient dans la mairie. Elle est ainsi privée de documents précieux.

V. — Monuments historiques.

La maison commune est établie dans les dépendances de l'ancien couvent des Capucins, fondé à Grenade en 1603.

La création de cet établissement religieux souleva à ce moment une vive discussion entre les fondateurs du couvent et l'abbé de Grand-Selve. Au point de vue féodal, celui-ci avait le droit d'empêcher les religieux d'un autre ordre de venir s'établir sur le territoire d'une ville leur appartenant de fait, quoique Grand-Selve la possédât en paréage avec le roi (*art. 13 de l'acte de fondation*).

L'autorisation royale ne pouvait même rien sans le consentement de l'abbaye ; et le parlement de Toulouse consacra cette doctrine par deux arrêts des 4 juin et 23 août 1604. Mais Louis VI et ses successeurs, marchant sur ses traces, n'avaient cessé de favoriser l'affranchissement des communes qui devait porter un si rude coup à la puissance féodale. Louis XI surtout sut habilement forcer à plier sous son joug les seigneurs qui ne purent plus se relever des graves atteintes portées à leur autorité. Aussi, en 1604, le pouvoir royal était-il moins disposé que jamais à s'incliner devant elle. Et l'affaire ayant été appelée au conseil du roi, les capucins, autorisés par Henri IV, purent s'établir à Grenade malgré l'abbé de Grand-Selve et les arrêts du parlement de Toulouse.

Le général des capucins vint plus tard visiter ces religieux ; lorsqu'il arriva, la population se porta à sa rencontre et lui fit cortége. Le général venait prélever sa part des quêtes faites par les moines de son ordre.

Ils obtinrent de quelques particuliers et de la commune tout le quartier donnant sur la Garonne du côté de Toulouse, y compris le chemin de ronde et la moitié d'une rue dans toute sa longueur. Ils fondèrent ainsi une petite communauté. Mais déjà, plus de trente ans avant la révolution, leur nombre était réduit à trois.

Les locaux de l'ancien couvent ont reçu à plusieurs reprises des modifications telles qu'il en reste peu de traces. Toutefois il existe encore un bénitier, à côté de la porte donnant accès dans le cloître. Suivant une délibération de la municipalité de Grenade en date du 25 octobre 1603, ces locaux avaient été donnés en jouissance seulement aux Capucins. Mais lorsque, à la suite de l'émigration de ces religieux, en 1791, la commune crut pouvoir rentrer en possession de sa propriété, elle dut songer à en faire l'acquisition. Autorisée par délibération des 8 mars et 23 avril 1791, le maire fut déclaré adjudicataire le 15 mai suivant ; et, au nom de la commune, il dut payer la somme de 6,250 livres.

Deux ans après, cette somme n'était pas encore soldée ; la municipalité, afin de se libérer, demandait, par délibération du 12 mai 1793, l'aliénation de la maison dite des *Écoles* appartenant à la commune et située près de la porte de Saint-Bernard. Cette maison comprenait les bâtiments, le jardin et d'autres dépendances ; la vente ayant été ordonnée, le sieur Rieupeyroux cadet s'en rendit adjudicataire moyennant la somme de 1,625 livres, destinée à l'amortissement de la dette précitée.

L'école communale, le secrétariat de la mairie et la justice de paix y sont installés.

L'ÉGLISE

L'église de Grenade, qui renferme de beaux tableaux, peints en partie par le chevalier Rivalz de Toulouse, et ayant appartenu à l'abbaye de Grand-Selve, a attiré depuis longtemps l'attention des archéologues, comme étant dans l'espèce un des monuments du treizième siècle les plus remarquables. Elle se distingue en effet autant par ses formes architecturales et pittoresques que par les souvenirs historiques rattachés à son existence. Le portail ogival ne présente guère que des ruines, car la partie supérieure a été abattue depuis longtemps ou tout au moins est restée inachevée. La municipalité et le curé doyen actuels ont pris des mesures afin de le rétablir dans sa forme primitive. Le pilier de séparation de l'entrée porta dans le temps une statue de la Vierge avec cette inscription :

JOANNES ROMIEU

Cette statue sera rétablie à la même place.

Elle a la forme d'un parallélogramme « sans abside circulaire ou polygonale. » Sa longueur est de 57ᵐ, sa largeur de 35ᵐ et la hauteur de la nef de 16 mètres.

La nef est divisée en trois par deux lignes de piliers ou colonnes rondes, très-élevées et supportant les arcs ogivaux de la grande voûte. Six chapelles existaient de chaque côté, quelques-unes sont murées ; cependant l'église renferme encore quatorze sanctuaires.

« L'intérieur offre l'aspect le plus majestueux, et peu d'églises, bâties vers la fin du treizième siècle en Languedoc, paraissent plus imposantes et offrent plus d'importance. Le clocher est placé à gauche de la façade et au-dessus des voûtes de l'église ; il affecte une forme octogonale sur une base en carré long » et s'élève au-dessus du sol à une hauteur de 45 mètres.

A l'origine, l'église possédait des vitraux représentant le roi de France, Philippe le Bel, à genoux devant son saint patron, et l'abbé Alfarici, à genoux devant le fondateur de l'Ordre de Cîteaux. Il convient d'ajouter aussi que, pendant la durée de leur commandement en Languedoc et en Guienne, le duc de Berry, oncle du roi, le comte d'Armagnac et le comte de Foix donnèrent à l'église de Grenade des vitraux sur lesquels ils étaient eux-mêmes représentés en leur qualité de bienfaiteurs. Tous ces vitraux ont disparu ; on doit même le regretter, car, suivant l'expression de M. Du Mège, à qui nous avons emprunté la plupart de ces détails, cette église offrait une sorte de musée historique.

La première chapelle à droite fut longtemps pour le peuple l'objet d'une dévotion toute particulière. On y remarquait d'ailleurs, en figurines de pierre très-bien sculptées, la sépulture du Sauveur. Ces figurines furent presque toutes brisées en 1794, lorsque l'église de Grenade devint ce que l'on nommait alors un temple de raison.

On remarque aussi dans l'intérieur un rétable avec un bas-relief représentant l'Assomption ; deux statues, de saint Roch et de saint Sébastien, ouvrage du sculpteur Arcis. Ces deux ouvrages remonteraient à cinquante ans avant la révolution. Une note trouvée dans le missel dont nous avons déjà parlé porte que « la basilique de Grenade fut commencée le dimanche qui précéda la fête de la Saint-Luc, » aussitôt après la fondation de la ville, c'est-à-dire en 1290.

L'église posséda longtemps l'orgue de l'abbaye de Grand-Selve. Le transport et la mise en place coûtèrent à la ville plus de 6,000 livres. Mais plus tard cet orgue fut vendu et remplacé par un autre plus riche de forme et de sons et pour l'achat duquel la commune fournit la somme de 6,000 francs.

L'HOSPICE

L'Hôtel-Dieu fut établi peu de temps après la fondation de la ville. « Le sénéchal de Toulouse, faisant pour le *roy* de France, et l'abbé de Grand-Selve ont donné aux consuls et communauté de Grenade toute la place pour y construire l'hôpital Saint-Jacques ou Maison-Dieu. »

En effet, une délibération en date du 27 septembre 1699 indique que « le fonds de l'hôpital fut inféodé par acte passé entre le *roi* Philippe le Bel, l'abbé de Grand-Selve et les consuls, en l'an mille deux cent nonante-quatre. » Dès lors l'hôpital était fondé (*1294*). Ses revenus, provenant de fondations diverses, devaient être employés à « l'entretien et à l'éducation des pauvres » de la ville naissante, « tant pour le temporel que pour le spirituel », suivant les intentions des biénfaiteurs.

D'après des actes publics et autres pièces de 1549, trouvés dans les archives de l'hôpital, un service régulier d'œuvres de charité y était établi et fonctionnait très-bien. Des orphelins y étaient admis et élevés ; puis, devenus grands, on les mettait en métier dont l'œuvre payait les frais d'apprentissage. Il existait également une sorte de maternité, chargée de l'entretien de quelques enfants à la mamelle, dont elle payait aussi les frais de nourrice. Tout cela a disparu aujourd'hui.

Pour subvenir à tous les besoins, des rentes avaient été constituées sur la province, sur les corps religieux et sur des particuliers. Ainsi, en 1600, les recettes de l'hôpital produisaient de 4 à 5,000 livres par année.

L'abbaye de Grand-Selve lui faisait rente ; le clergé de Carcassonne, les membres d'une corporation noble de Verdun étaient également les redevanciers de cet établissement. Avant 1699, « les consuls avaient acquis de l'abbé de Grand-Selve une métairie donnant 275 livres ; MM. les abbés et les archiprêtres donnaient annuellement 200 livres ; les habitants 137 livres. » Un jour ces revenus de toute provenance furent contestés à l'hôpital. Mais les consuls de la ville surent défendre énergiquement ses intérêts contre les prétentions exagérées des chevaliers de Saint-Lazare, qui voulaient s'emparer de ces ressources pour en disposer à leur gré, et dont une partie, 1,500 livres, devait être versée à l'hôpital de l'Isle-en-Jourdain.

L'emplacement occupé par cet établissement, et dépendant des fossés qui entouraient la ville au quinzième siècle, ne paraît pas avoir été agrandi depuis sa fondation. On sait seulement que deux des murs principaux, bâtis sur un lac, s'étant écroulés en 1752, on reconstruisit sur un nouveau plan. Pendant que l'on travaillait ainsi à relever l'hôpital, on dut transporter les malades en ville dans des locaux fournis par la charité publique. Il a subi depuis lors de très-importantes modifications de détail, nécessitées par les besoins nouveaux d'un établissement hospitalier aujourd'hui prospère et florissant.

Nous l'avons déjà dit, Grenade était murée ; et à raison du voisinage de Montauban, elle eut à soutenir quelques attaques assez violentes dans les guerres avec les protestants. Par suite des guerres de 1500 à 1560 et plus tard de 1584 à 1590, la peste éclata à plusieurs reprises dans la ville. Les pestiférés étaient si nombreux que l'on fut obligé de construire des hôpitaux « ambulants ou transitoires », les salles de l'hôpital ne pouvant plus suffire à tous les malades.

A cette dernière date, le mal sévit avec une violence extrême, les secours devinrent rares et il ne fallut pas moins que le dévouement de quelques personnes charitables, sinon pour en arrêter les progrès, du moins pour l'adoucir. Celles-ci, malgré le danger imminent auquel elles étaient exposées, n'hésitèrent pas quand même à donner leurs soins aux malades, relégués, dit-on, en dehors de la ville, où se trouvait jadis le cimetière dit des *pestiférés*, appelé plus tard enclos de *Carpenté*.

L'archiprêtre avait la haute main dans la direction de l'établissement ; il était néanmoins assisté par les régents ou administrateurs, au nombre de quatre, que l'on renouvelait tous les ans. Toutefois il manquait un service régulier pour la direction immédiate du matériel de la maison et pour les soins directs dus aux malades. De temps presque immémorial, cette charge était confiée à deux personnes charitables ou mercenaires, qui se chargeaient, par dévouement ou à gages, de cet office. Cette manière d'agir cessa en 1832 avec l'arrivée des sœurs de Nevers, dont le zèle et l'abnégation ne se sont jamais démentis depuis.

Primitivement les prêtres de la paroisse s'occupaient du service religieux dans l'intérieur. On trouve en 1740 une fondation de 6,000 livres pour l'entretien d'un aumônier spécial. En 1817, ce legs est augmenté par un don de 24,000 fr.

des inés aussi à l'entretien de l'aumônier spécialement
occu é du service religieux de l'hôpital. Il est dû à la géné-
rosité d'un riche industriel de Grenade : Guillaume Sarre-
bayrouse. Depuis lors l'aumônier a sa résidence obligatoire
dans l'établissement.

Dix ans plus tard, en 1827, un autre legs de 24,000 francs
vint s'ajouter aux revenus de l'hospice qui se transforma par
suite de ce don généreux fait par Mlle Anne-Etienne de
Pérignon. Cette somme fut léguée, à la charge, par la com-
mission administrative, d'établir dans l'hôpital de Grenade
trois sœurs de Nevers dont la mission était de donner tous
leurs soins aux malades et de faire une classe gratuite dans
laquelle seraient désormais reçues toutes les filles pauvres
de la ville.

Cette notice serait incomplète si nous n'ajoutions qu'à la
suite du mouvement politique de 1793, les revenus de l'hôpital se trouvèrent réduits aux deux tiers de ce qu'ils étaient
auparavant. Les corporations religieuses qui en étaient rede-
vancières, ayant été abolies, ne purent payer leurs rentes : de
là cette diminution. Mais, comme nous l'avons déjà vu, elle
ne fut que momentanée. Grâce aux subsides communaux
depuis lors fournis à l'hospice, grâce surtout aux legs reçus
depuis 1800, un développement aussi rapide que considérable s'est manifesté dans cet établissement dont la prospérité
ascensionnelle ne saurait être mieux démontrée qu'en donnant ici le chiffre actuel de ses recettes et de ses dépenses.
En effet, pour 1878, son budget s'élève, savoir :

Recettes de toute nature à 12,423,73
Dépenses. 11,482,33

Ce qui lui assure un excédant de recettes de. . 941,40

On y reçoit gratuitement les malades indigents de la
commune, et ceux des communes des cantons de Cadours,
Fronton et Grenade, peuvent y être admis, moyennant une

rétribution de 0,75 cent. par jour. Un établissement de bains a été annexé à l'hospice depuis 1873.

L'eau est prise dans la rivière de Save.

LA HALLE

La halle couverte, dont la charpente massive et peu gracieuse passe pour être en bois de châtaignier, est très-spacieuse. Cette masse énorme de bois repose sur 36 piliers en briques de forme octogonale.

L'espace occupé par l'édifice a 1,600 mètres carrés de superficie. Son étendue de l'est à l'ouest est de 74 mètres, et du nord au sud de 72 mètres. Selon toute apparence, sa construction remonterait à l'époque de la fondation de la ville. Cependant une version l'attribuerait aux Anglais pendant leur séjour en Guienne ; mais aucune preuve certaine ne vient corroborer ces assertions. Des pièces disparues indiquent que les piliers de la place furent construits successivement en 1582, 1592 et 1593. Néanmoins on est sûr que la place existait en l'année 1305. L'établissement des bancs de pierre qui sont autour date du 31 octobre 1773.

La toiture est surmontée d'un clocheton dans lequel se trouve le beffroi municipal. On y remarque un écusson représentant les armes de la ville, composées de cinq rangées de fleurs de lis entre lesquelles sont parsemés des grains de blé. Autour du beffroi se trouve l'inscription suivante :

MRS. I. ROQVES LIEUTEN S. HELENE P. CHAVPI P. CAPUS CONLS. FAIT AUX DESPENS DE LA VILLE

Cette cloche fut fondue en 1623, suivant délibération des consuls en date du 28 juillet même année.

N'ayant pas eu connaissance plus tôt de cet écusson, on avait adopté celui dont la description est donnée par M. Bremoud, qui croit pouvoir le faire remonter au dix-septième siècle. La voici :

« Écartelé, au premier de gueules, à un château d'argent ;
au deuxième d'azur, à une mître d'abbé d'argent ; au troisième de France ; au quatrième coupé en chef de gueules, à
une grenade d'or ouverte de gueules, en pointe d'azur à la
gerbe de blé d'or. » Mais son origine est inconnue.

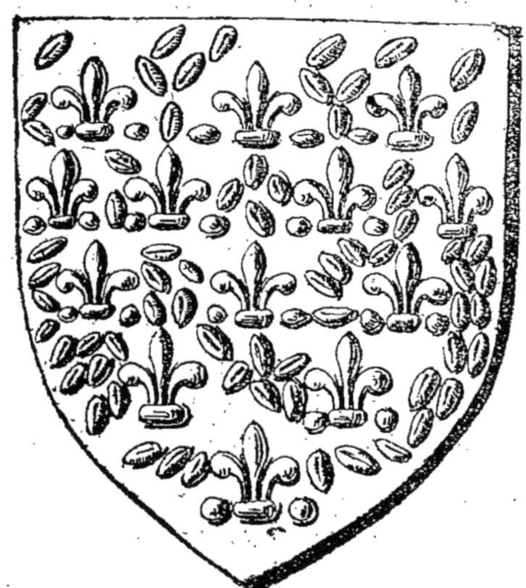

L'authenticité de l'écusson dont le beffroi porte l'em-
preinte, paraissant un fait acquis, il semblerait rationnel de
donner la priorité à ce dernier. Cette préférence serait au
besoin justifiée par les allégations contenues dans une lettre
dont nous donnons les passages suivants :

« Les armes de Grenade sont dessinées et décrites dans
le d'*Hozier*; manuscrit déposé à la bibliothèque nationale,
où chacun peut le voir et y lire cette description : *Grenade
d'azur, semé de grains de froment et de fleurs de lys d'or.* »

L'auteur du manuscrit précité, généalogiste de Louis XIV,
porte que les grains de blé et les fleurs de lys sont en nombre égal, tandis que les grains de blé paraissent avoir été
jetés à profusion dans l'écusson du beffroi.

« On aurait dû songer, poursuit l'auteur de cette lettre,
qu'à la fin du treizième siècle, on ne donnait pas à une ville
des armes écartelées. Les familles seules en adoptèrent l'u-
sage, en général, par suite des alliances. En admettant les
pièces de M. Bremond, elles eussent été placées sur le même
champ. Mais comment Grenade, simple *bastide*, eût-elle pu
avoir une castille ou château fort?... (L'abbé Pottier).

Comme il ne nous appartient pas de trancher la question,
nous nous faisons un devoir de mentionner simplement les
deux opinions, laissant à d'autres plus autorisés le soin de
déterminer lequel des deux écussons est le vrai. Cependant
nous n'hésitons pas à donner la préférence à celui dont l'authenticité est reconnue, et cela jusqu'à preuve contraire.

MONUMENTS DIVERS

On remarquait autrefois dans la ville des établissements
disparus aujourd'hui ou dont les locaux ont été depuis affec-
tés aux services divers des propriétaires actuels.

Ainsi, la maison Lataste renfermait le couvent des Ursulines. La dame Marguerite Vigié, prieure du monastère,
fondé à Toulouse sous Louis XIII (1611), vint à Grenade
prendre possession de la maison que leur donna le sieur
Jean Dépuntis, et qui précédemment avait appartenu à un
nommé *Joannon*. Suivant une délibération du 28 juin 1624,
elles s'y fixèrent, au nombre de six, dont quatre *religieuses
professes* et deux *novices* détachées de la maison de Toulouse.
La sœur Euphrasie fut faite supérieure du nouveau couvent,

Le nombre des religieuses s'accrut bientôt jusqu'à soixante, non compris le pensionnat. En 1667, elles possédaient plusieurs biens-fonds dans les environs de la ville, auxquels s'était ajouté le domaine d'Embécade, formé de trois paires de labourage. Cette propriété leur avait été donnée par Delphine Tressols, veuve Dubarry, avec d'autres biens qu'elle y avait apportés en se faisant religieuse.

La chapelle des *Pénitents-Noirs* se trouvait à l'est de la ville. Celle des *Pénitents-Blancs* est actuellement désignée sous le nom de four Delsol.

En dehors de la ville se trouvait une église et patus d'un cimetière à Saint-Sulpice, au sud-est de l'enclos de *Berti*. Il y a deux ou trois ans à peine que les ossements ont été enlevés de cette ancienne cité des morts, dont l'emplacement a été depuis rendu à la culture.

Une église et un cimetière de *Saint-Jean* se trouvaient à Engarres ; une autre église avec cimetière et *patus Saint-Séverin* était établie à Larra. Enfin, on remarquait le cimetière des pestiférés, situé sur les bords de la Save, surnommé aujourd'hui enclos de Carpenté.

BIOGRAPHIES

Pérignon (Dominique-Catherine, comte, puis marquis de), maréchal et pair de France, naquit à Grenade le 31 mai 1754, et mourut le 2 décembre 1818, à l'âge de 64 ans.

Avant la Révolution, il était sous-lieutenant et aide-de-camp du comte de Preissac. Nommé député à l'Assemblée législative (1791), il donna sa démission l'année suivante pour passer à l'armée des Pyrénées-Orientales.

Devenu bientôt après général de division (23 décembre 1793), il sauva Perpignan, fut vainqueur à la Jonquière et prit Bellegarde. Après la bataille de la Montagne-Noire, il succéda à Dugommier dans le commandement en chef (18 novembre 1794). Peu après, il battait les Espagnols à Escola. La prise de Roses (1795), obtenue à la suite de gigantesques travaux, est son plus beau titre militaire. Il y montra une fermeté d'âme, une audace, un sang-froid qui firent l'admiration de l'armée. La paix de Bâle étant signée, il reçut le commandement des armées des côtes de Brest et de Cherbourg.

Quelque temps après, alors qu'il était membre du conseil des *Cinq-Cents*, il refusa le portefeuille de la guerre, mais accepta du Directoire l'ambassade d'Espagne pour cimenter la paix à laquelle il venait de contribuer. Il négocia habilement le traité de Saint-Ildéfonse entre l'Espagne et la France.

De retour en 1798, il prit part à la bataille de Novi, y fut blessé et fait prisonnier par les Russes. Napoléon le comprit dans la première promotion de maréchaux (1804), lui confia le gouvernement de Parme et de Plaisance (1806), le commandement des troupes françaises à Naples (1808-1811) et le fit comte en 1808.

Rallié aux Bourbons en 1814 et nommé pair de France, il leur resta fidèle pendant les Cent jours et fut mis à la tête de la première division militaire en 1816. L'année suivante, Louis XVIII lui conféra le titre de marquis.

Son fils, François-Henri, marquis de Pérignon, né à Montech (Tarn-et-Garonne) en 1793, mort en 1841, fut aide-de-camp de Murat pendant la campagne de Russie, devint pair de France après la mort de son père et donna sa démission à la suite de la révolution de juillet 1830. (D'après Larousse.)

La maison où le maréchal de Pérignon est né existe encore à Grenade et appartient à sa famille.

CAZALÈS (Jacques-Antoine-Marie de), fils de messire Simon de Cazalès, conseiller du roy au Parlement de Toulouse et de dame Françoise de Maury, naquit à Grenade le 1er février 1758. Il eut pour parrain son grand-père messire Jacques de Maury, chevalier de l'ordre militaire de Saint-Louis, prévôt général de la maréchaussée de Montauban, et pour marraine dame Antoinette de Caussade, épouse de noble Jean-Dominique de Cazalès, conseiller du roy et receveur des tailles de l'élection de Rivière-Verdun. Rien ne manquait à sa naissance, ni fortune, ni titres de noblesse.

Dès l'âge de quinze ans, il entra dans un régiment de dragons. Nommé député de la noblesse de Rivière-Verdun aux États-Généraux, il se rangea d'enthousiasme dans le parti de la Cour et en devint l'orateur le plus chaleureux et le plus convaincu. Il se distinguait surtout par une extrème facilité de parole et de conception, par une véhémence qui n'excluait pas la modération, et par une remarquable facilité d'élucider les questions difficiles et compliquées. Il ne s'éleva pas cependant à la hauteur des orateurs de premier ordre à la brillante Assemblée, mais il déploya à la tribune de grands talents oratoires et lutta avec succès souvent contre Mirabeau et Barnave, qui le blessa même dans un duel.

Représentant exclusif des intérêts nobiliaires et monarchiques, il s'opposa de toutes ses forces au projet de fusino des *trois ordres* de l'Assemblée; il combattit toutes les réformes, tous les principes et toutes les institutions de la Révolution, et poussa l'exagération de son principe jusqu'à déclarer que la nation n'aurait pas le droit de juger le roi, quand même il serait rentré en France à la tête d'une armée étrangère. Il émigra après la fuite de Varennes, reçut un grade sur l'escadre anglaise pour s'emparer de Toulon, écrivit de Londres à la Convention pour obtenir d'être le défenseur de Louis XVI, et, sur le refus de l'Assemblée, publia un mémoire assez remarquable en faveur du roi. Son caractère indépendant et sa modération relative lui attirèrent le dédain des émigrés. Passé en Allemagne, il rentra définitivement en France sous le Consulat (1804), et repoussa les offres de Napoléon. En 1805, il mourut à Engalin (Gers). On a publié ses discours en 1821; ainsi que sa défense de Louis XVI.

Son fils Edmond de Cazalès, né en 1804, fut professeur à

l'Université catholique de Louvain (1835-1837) ; ordonné prêtre en 1843, il fut nommé directeur du séminaire de Montauban et représentant à la Constituante de 1848, où il ne joua qu'un rôle effacé. Il a publié quelques écrits d'un catholicisme ardent; nous citerons son étude historique sur l'Allemagne contemporaine..(Larousse.)

Les deux sœurs de Cazalès furent pendant la Révolution persécutées à Grenade, où elles demeuraient. Le nom qu'elles portaient et les tendances ultra-royalistes de leur frère suffirent pour les désigner à la haine des exaltés arrivés dans la ville avec l'armée révolutionnaire. En vertu de la loi des suspects, elles furent incarcérées. On leur rendit néanmoins la liberté quelque temps après, grâce à l'intervention de la municipalité de Grenade qui les prit sous sa protection.

Nous reproduisons plus loin une anecdote intéressante et peu connue sur le duel de Barnave avec Cazalès, que le hasard a placée sous nos yeux.

« Nous fûmes surtout frappés par le saisissant récit du célèbre duel de Cazalès et de Barnave, dit M. Giraud dans sa notice; duel où les deux brillants adversaires montrèrent, l'un vis-à-vis de l'autre, tant d'aisance dans la bravoure et tant d'amabilité dans la courtoisie. C'était à la séance du 10 août 1790; à une apostrophe de Cazalès, Barnave avait répondu poliment, mais avec vivacité. Ni l'un ni l'autre n'avaient cru que l'affaire dût aller plus loin. Cependant le lendemain, de grand matin, Cazalès, accompagné du duc de Saint-Simon, arriva rue Fleurus, où logeait Barnave.

— « J'en suis aux regrets, lui dit-il, mais ces dames ne veulent pas que la chose en reste là. — Je l'avais prévu, dit Barnave ; mais enfin quand, où et comment ? — Dans une heure, au bois de Boulogne, et au pistolet. » On fut bientôt rendu sur le terrain. Charles Lameth assistait Barnave, et son frère Théodore arriva suivi d'un chirurgien.

« — C'est à vous, qui avez été provoqué, à tirer le premier, dit Cazalès. — Il n'y a pas eu d'offense d'intention, répondit

Barnave, nous allons tirer au sort. » Au même instant,
M. de Lameth présenta sa main fermée à Cazalès, en disant :
« — Pair ou non ? » A quoi Cazalès répondit : « Impair, »
et se trompa. « — J'ai toujours été malheureux au jeu, »
dit-il. Barnave tira donc le premier, et, à treize pas, n'atteignit pas Cazalès. Celui-ci, à son tour, ajusta, mais son
arme fit deux fois faux feu. « — Mon Dieu ! que je vous
fais d'excuses, dit-il à Barnave. — Je suis là pour attendre,
reprit celui-ci. »

Au troisième essai le coup partit, mais sans résultat. On
aurait dû en rester là, ce fut le désir exprimé par M. de
Lameth ; mais voyant le vieux duc de Saint-Simon garder
le silence, il n'insista pas. On rechargea les armes, et,
comme les rubans dont on entourait les balles étaient de
diverses couleurs, Cazalès dit : « — Sommes-nous galants,
pour vous, messieurs, c'est du tricolore ! »

Pendant cette opération, les deux champions se prome-
naient, et Cazalès dit à Barnave : « — Je serais inconsolable
de vous tuer, mais vous me gênez beaucoup ; je voudrais
vous mettre hors de la tribune pour quelque temps. » A
quoi reprit Barnave : « — Je suis plus généreux que vous,
en désirant vous atteindre à peine, car vous êtes la toute-
puissance de votre côté, tandis que dans le mien, à peine
s'apercevrait-on de mon absence. »

Alors le duc de Saint-Simon fit signe qu'on pouvait
s'avancer ; et le sort ayant de nouveau prononcé pour
Barnave, Cazalès tomba frappé au front, en s'écriant :
« — Eh bien ! je suis ici pour cela. » Heureusement, son
chapeau tricorne avait amorti la balle et le sinus frontal
fut seul atteint. Le chirurgien rassura tout le monde et dit :
« — Ce ne sera rien, » mot qui fut répété par le blessé ;
lequel se reprenant aussitôt, ajouta en souriant : « — C'est
la bête qui parle. » M. de Lameth offrit alors, pour le transport du blessé, sa voiture qui paraissait meilleure que celle
de Cazalès. Celui-ci refusa d'abord, mais revenant sur le
champ : « — Oui, dit-il, je l'accepte ; il faut que cela finisse

ainsi. » Et, depuis lors, Barnave et Cazalès, tout en conservant leurs opinions, furent les meilleurs amis du monde. »

Montané (Amédée). Il est né à Grenade, le 3 juin 1829. Appelé, en 1870, à siéger au Conseil général de la Haute-Garonne pour le canton de Grenade, il vient d'être, par les élections législatives du 7 juillet 1878, élu député de la troisième circonscription de Toulouse.

A la Chambre, sa place est marquée auprès des Rémusat, Constans et Caze. Son nom appartiendra désormais à l'histoire de son pays natal.

HISTOIRE DE L'ENSEIGNEMENT

DEPUIS 1586 JUSQU'A NOS JOURS

La plus ancienne délibération trouvée dans les registres de la commune de Grenade permet de constater l'existence d'une école où l'enseignement était donné d'une manière assez régulière à partir de 1586. Il y a lieu pourtant de supposer qu'il existait dès l'époque de la fondation de la ville, ou tout au moins peu de temps après. Ce qui nous porte à émettre cette assertion, c'est la régularité de l'écriture gothique et l'habileté du secrétaire comme dessinateur, à en juger par quelques figurines tracées à la plume sur de vieux registres ; et mieux encore, c'est le voisinage constant des couvents de religieux établis dans la ville. Dès sa création en effet, Grenade ne fut pas déclarée ville libre ; elle fut au contraire mise en paréage avec le roi de France et les moines de Grand-Selve de l'ordre de Cîteaux, seigneurs de la contrée. C'est pourquoi nous pensons avec quelque raison que l'influence de ces derniers, née de leurs relations avec les habitants, dut y être pour quelque chose.

D'ailleurs les termes mêmes de cette délibération semblen pouvoir nous confirmer dans cette opinion. Néanmoins ce n'est jamais qu'une hypothèse, vraisemblable seulement faute de documents authentiques.suffisants pour bien préciser les faits. Il est en effet parlé de donner la *régence des escolles* à un *précepteur* que l'on veut retenir dans la localité. Il n'est pas du tout question d'origine ; il s'agit de remplacer un maître qui part par un autre qui arrive : c'est tout. « Il a été *remonstré* que deux *escoliers* se sont présentés pour la régence des escolles et qu'il importe grandement pour le *bien* et l'*ornement* de la ville, qu'on tienne exactement la main à l'*instruction et correction* de la jeunesse qui est totalement dépravée. » Ainsi débute le premier consul qui prie l'Assemblée de délibérer sur l'opportunité de sa proposition.

D'après l'avis favorable du sieur Papus, archiprêtre, « il fut *arresté* que, aux fins proposées pour le *bien et instruction* de la jeunesse, l'*escollier* serait retenu pour accepter la régence des *escolles* de cette ville pour une année prochaine... A l'instant, le dit sieur escollier a esté rappelé devant toute l'Assemblée et, de l'avis d'*icelle*, *luy* a été offert pour son salaire la somme de 33 livres. (*18 mai 1586.*) »

La longue suite de documents placés sous nos yeux nous a prouvé que la ville eut de bonne heure deux écoles distinctes, ayant chacune sa destination spéciale : l'*école primaire* où les enfants venaient apprendre à *lire, escrire* et *compter*, et l'*école secondaire* où les études classiques se faisaient souvent avec quelque succès, comme nous aurons l'occasion de le constater dans le courant de cette étude.

Il nous a été donné de pouvoir rétablir la liste à peu près complète des maîtres qui depuis cette époque reculée ont exercé à Grenade leur profession de *régent* ou de *mestre écrivain*.

Ces derniers ont été moins nombreux que les premiers, car lorsqu'on rencontrait des hommes ayant une certaine valeur, la communauté avait assez de bon sens de se les attacher et de les garder longtemps. Ainsi le sieur Boulot, pendant quarante-un ans (1702-1743), put enseigner dans la ville la lecture, l'écriture et l'arithmétique, et occuper quelque temps la charge de consul, habituellement offerte à l'élite des habitants. Son successeur, le sieur Moret, occupa sa place pendant vingt-huit ans et fut aussi très-longtemps consul. Avant et après, dans cette catégorie, les maîtres se succèdent assez rapidement.

Les *régents* qui, pour la plupart, étaient des prêtres, des sous-diacres, des élèves tonsurés parfois, se succèdent plus rapidement encore. Ils ne pouvaient exercer comme les écrivains, qu'après avoir obtenu l'autorisation préalable de M. *l'archevesque*. Plusieurs se recommandaient par leurs titres : ainsi, en 1616, le sieur *Darroquat* était docteur en théologie ; en 1632, le sieur *Rochefort* était aussi *docteur advocat*. Quelques-uns parmi eux possédaient réellement les qualités du bon professeur, car la communauté leur en a chaque fois témoigné sa satisfaction, soit par des augmentations successives d'honoraires, soit par des éloges inscrits sur les procès verbaux des délibérations. On doit citer le sieur *Peyrille*, prêtre, qui pendant quarante-six ans (1645-1694) dirigea avec intelligence le *collège* dont les élèves étaient poussés par leur maître jusqu'en troisième et même en seconde.

Il en fut de même du sieur Baïssade, qui, dix années durant, témoigna de son zèle et de sa féconde activité, puisqu'en « *sortant de sa classe ses élèves estoient en estat de estudier en philosophie, ce qui estoit un grand soulagement pour les habitants.* »

En 1653, une maladie contagieuse s'étant déclarée à Grenade, il fut arrêté que MM. les *régents des escolles* fermeraient le *collége*, reconstitué cinq où six ans après. En 1665 seulement, il paraissait être de nouveau en pleine activité, alors que le sieur Peyrille venait d'en prendre la direction.

Les maîtres et les maîtresses étaient nommés par les consuls ou les maires, après avoir été agréés au préalable par les membres de la communauté, au nom de laquelle l'administration municipale passait le bail des *escolles*. Depuis l'origine jusqu'en 1789, leurs *honoraires* ou *gages* ont varié de 30 à 200 livres pour les *mestres d'escriture* et dé 80 à 450 livres pour les régents latinistes.

Vers 1750, on remarque que la communauté, ennuyée sans doute des changements successifs survenus à court intervalle, devient plus difficile quant au choix des régents ; aussi exige-t-elle d'eux un examen préalable passé devant les jésuites de Montauban. Mais il ne nous est pas possible d'indiquer si cette mesure, pouvant offrir certaine garantie, fut longtemps mise en vigueur.

En outre de l'allocation communale, les maîtres et les maîtresses étaient autorisés par la municipalité à percevoir une rétribution mensuelle de leurs élèves, suivant le degré d'avancement de chacun d'eux. Ainsi en 1667, on exigeait 10 *sols* par mois de chaque *escollier* ; 5 sols d'abord, puis 10 en 1672 ; 20 sous par mois en 1780 et plus tard enfin, en 1784, le maître percevait 30 sous des élèves qu'il allait « montrer » à domicile et 15 sous de ceux qui venaient chez lui. Le taux, fixé toujours par le conseil communal, variait souvent. En 1792, par exemple, on payait 10 sous par mois pour apprendre à lire, 15 sous pour apprendre à lire, écrire et compter, et enfin 40 sous par mois pour les leçons données en dehors de l'école.

Nous devons noter en passant une délibération prise le 1er mai 1672 : « Le sieur Fabet, y est-il dit, est accepté pour occuper l'*escolle d'escriture et de gymnastique*. » L'apparition à cette époque de cette dernière branche dans l'enseignement nous étonne d'autant plus que le mot n'a plus été retrouvé dans la suite de nos recherches.

Un contrat de bail des escolles était passé à chaque maître souvent pour quatre ou cinq années. Celui qui, en 1730, fut passé au sieur Baïssade coûta 4 livres 19 sols 4 deniers. Nous reproduisons le passage suivant, qui vient après les conditions relatives au traitement accordé au maître d'écriture : « Le sieur Moret devait faire sa classe dans le local de la ville et était tenu d'y élever les enfants en la crainte de Dieu et

religion catholique, apostolique et romaine, de les faire aller
aux offices les jours de fêtes et dimanches..... et le sieur
Moret a signé la présente délibération pour lui tenir lieu de
bail (1743). » En voici un autre passé un demi-siècle plus tard,
en 1792 : «.... S'obligeant, le dit Siadoux, de conduire chaque jour les enfants à l'église pour y entendre la messe, et,
dans le cas qu'il n'y en ait pas, de faire adorer le saint
sacrement, comme aussi de les conduire les dimanches
et fêtes à la messe de la paroisse et vêpres, de les
élever suivant la *constitution* et avec les appointements de
300 livres par année, conformément à l'ordonnance du ci-
devant intendant du 6 mai 1785, et le dit Siadoux a signé. »

En 1746, la tenue des classes était ainsi réglée : « depuis la
Saint-Luc jusqu'à Pâques, de huit à dix heures du matin ;
depuis Pâques jusqu'au 14 septembre, de sept à neuf heures du matin ; et pendant toute l'année scolaire, la classe
du soir avait lieu de deux à quatre heures du soir. Quoique
l'importance de l'instruction fût appréciée depuis une époque
plus reculée, la communauté, afin d'exciter l'émulation des
écoliers, fondait, en 1780 seulement, trois prix destinés à ré-
compenser le travail des plus méritants.

Quelques années avant 1780, la modicité du traitement
accordé aux maîtres d'écriture avait occasionné une inter-
ruption dans le service ; on ne trouvait point de maîtres qui
voulussent en accepter la charge. Et pendant que les besoins
de la jeunesse réclamaient un *écrivain*, quelques membres du
conseil demandaient et obtenaient la suppression du traitement du *régent latiniste* (8 décembre 1775). Mais, par une
délibération motivée du 17 même mois, on revint sur
cette décision, et le traitement de 300 livres fut maintenu en
faveur du sieur Longuefosse, qui occupa la régence des
escolles pendant trente-une années consécutives.

Les détracteurs de cette institution plus que séculaire ne
se tinrent pas pour battus. Cet échec ne pouvant les décon-
certer, ils en appelèrent au ministre, qui les débouta de leur
demande, approuva la décision du Conseil et ordonna le

maintien du traitement. On arriva ainsi jusqu'en 1789. Passé cette date, le recrutement des maîtres s'opéra de la même manière, on peut dire jusqu'en 1850, époque à laquelle la nomination des instituteurs fut mise entre les mains des préfets. Depuis, le traitement avait été progressivement augmenté ; et, après avoir, en diverses circonstances, subi quelques variations toujours préjudiciables aux maîtres, il fut enfin porté au chiffre actuel de 1,200 francs, alloués à tous les instituteurs qui se sont succédé depuis 1857. Il sera maintenu, souvent malgré la prospérité douteuse de l'école communale, car ses efforts seront désormais paralysés par la rivalité existant entre l'école congréganiste nouvellement créée.

L'idée de confier la direction de l'enseignement primaire aux frères fut émise pour la première fois en 1818. Le conseil municipal, par deux décisions successives, avait voté des fonds, mais le projet n'eut pas de suite. En 1827, malgré un legs de 6,000 francs fait par Mlle de Pérignon, et une sorte de prime de 4,000 francs offerte par le Conseil général à la commune qui, la première, appellerait des frères (séance du 23 août 1824), le conseil refusa ces libéralités. En 1849, l'acceptation pure et simple du legs Sans-Rivals, sans engagement de la part de la commune, fit espérer une solution prochaine.

En 1853, sur l'intervention du ministre, le préfet enjoignait au conseil de prendre une décision favorable. Vu les charges de la commune, le conseil ne prit aucun engagement. Enfin, en 1856, l'école congréganiste, fonctionnant déjà, reçut une première allocation de 300 fr., élevée à 600 fr. l'année suivante. Grâce aux ressources fournies par le curé Rivals et M. de Villèle, son existence était désormais assurée. Mais le conseil avait mis pour condition à sa libéralité qu'elle ne recevrait aucun enfant en état de payer la rétribution et les trente élèves gratuits de l'école laïque furent « d'office envoyés chez les frères. » On arriva ainsi en 1860, sous les auspices de la décision du 5 mai 1857.

Pendant ce temps l'école communale languissait. Ses protecteurs-nés s'émurent de sa situation pénible. En vain, le conseil voulut-il obliger les frères à lui fournir « la liste de leurs élèves pouvant payer » ; en vain voulut-il les forcer à ne recevoir que des enfants munis « d'un billet d'admission délivré par l'administration. » Libres et maîtres du terrain, les frères gardèrent, avec quelque raison, leurs positions conquises.

Le conseil eut beau déclarer (10 mai 1861) qu'il « ne voulait pas d'influence ; qu'autant il louera une rivalité de zèle, autant il blàmera un braconnage d'élèves » ; le dissentiment éclata. La voix de la conciliation n'ayant pu prévaloir, le conseil (28 mai 1862) refusa toute allocation et le crédit de 600 fr. fut supprimé : c'était le triomphe de l'école congréganiste officiellement constaté.

Plus généreuse, l'administration actuelle a rétabli depuis 1871 un crédit de 300 fr.; sans condition cette fois.

Créée en 1854, la salle d'asile disparut vers 1870.

En 1861, malgré l'avis contraire du conseil, le titre d'école communale fut conservé à celle de Saint-Caprais, et le préfet inscrivit d'office au budget le traitement de l'instituteur.

A partir de 1863, les changements fréquents des maîtres nuisent considérablement au développement de l'école publique de la ville qui, en 1870, n'existe plus que de nom. Elle se repeuple cependant peu à peu et en 1876, le conseil crée un emploi de maître-adjoint.

Fondée en 1872, l'école de Larra a vu son existence menacée par suite de l'acceptation d'un legs dû à Mlle de Vaillac. Mais le conseil, tenant compte des vœux de la population, est revenu sur sa décision primitive et l'a maintenue (mai 1878).

Il faut le constater toutefois, la sympathie de l'administration municipale est acquise aux trois écoles publiques, et les maîtres, auxquels est dévolu le soin de les diriger, trouvent auprès du pouvoir local le concours le plus dévoué, concours indispensable d'ailleurs pour rendre leur tâche moins lourde, moins pénible. Ajoutons encore que, pour détruire les effets d'une mesure vexatoire antérieurement prise contre les écoles laïques, les *vrais mandataires* de la commune ont récemment institué la *gratuité absolue* en faveur de leurs élèves. (10 février 1878.)

ENSEIGNEMENT DES FILLES

Dès 1624, cet enseignement était établi dans la ville de Grenade, grâce aux dames Ursulines. A cette même date, elles y avaient fondé un couvent de leur ordre, qui subsista jusqu'à la révolution.

Leur suppression étant prévue, la communauté, suivant sa délibération du 22 novembre 1789, se crut obligée de demander le maintien du couvent à l'Assemblée nationale, en raison des services rendus à la localité par ces religieuses. « Occupées, y est-il dit, à montrer à lire, à écrire, à travailler, à instruire de leur religion les jeunes filles de la ville, les dames religieuses partageaient le reste de leur temps entre la prière et le travail, » car leurs revenus paraissaient trop modiques pour suffire aux besoins divers de leur maison. Elles recevaient également des pensionnaires; et il est à présumer que les régentes avaient à s'occuper plus spécialement de la classe pauvre, tandis que la classe aisée donnait la préférence aux Ursulines. Il ne nous est cependant pas possible de déterminer dans quelles conditions leur enseignement était donné, quoiqu'il ait subsisté pendant cent soixante-cinq ans environ.

Depuis la date de leur établissement jusqu'en 1789, nous n'avons trouvé, en fait de documents précis, que la délibération dont nous avons plus haut transcrit la partie principale et celle relative à l'origine de leur établissement.

Mais, si les édiles de cette époque n'eurent pas à s'occuper d'elles, en revanche, ils témoignèrent souvent de leur solli-

citude pour l'enseignement des filles, dirigé par des maîtresses laïques que la commune a, de tout temps, subven-
tionnées tour à tour. La plus ancienne apparut en 1672 et
recevait 20 livres pour ses honoraires. Celles qui vinrent
après reçurent 30 livres, et ce chiffre paraît avoir été maintenu jusqu'à cette époque mémorable où la société, suivant
l'impulsion donnée par les idées nouvelles, devait se trans-
former sous le souffle puissant et libéral de 1789.

Néanmoins, l'enseignement des filles ne reçut véritable-
ment la consécration officielle qu'en 1714. La position des
deux premières maîtresses devait être fort précaire ; leur
enseignement paraissait languissant, un vice d'organisation
devait exister, puisque la création de l'école des filles fut
officiellement demandée, par une ordonnance de l'intendant,
seulement le 7 décembre. Sous le prétexte d'économie, par
décision du 14 décembre suivant, la municipalité avait
refusé toute participation dans la formation du traitement.

Aux termes de cette délibération, il devait s'élever à 80
livres, dont 30 prélevées sur les deniers patrimoniaux de la
communauté. Des contestations s'étant élevées au sein du
conseil à ce sujet, la question fut reprise peu de jours après.
Les habitants durent intervenir, et c'est probablement à la
suite d'une démarche aussi pressante qu'énergique auprès
de la municipalité, que fut prise la délibération suivante :

« Après avoir entendu le sieur Montané, advocat en
parlement,

« Il a été unanimement délibéré par l'assemblée qu'on
nomme pour régente M*lle* Suzanne Demons, sur le bon plaisir de Monseigneur *l'archevesque*....., aux gages ordinaires
de 30 livres, portées par le règlement du sieur Fedeau,
intendant, qui commenceront à *estre* imposées l'année prochaine en faveur de M*lle* Demons, et qu'au surplus, il lui
sera permis de prendre 5 *sols* par mois des filles qu'elle
enseignera à lire et 10 sols de celles qu'elle enseignera à
lire, écrire et compter..... L'Assemblée prie et donne pouvoir à MM. les Consuls de lui passer acte d'*establissement* de

régente pour le temps de quatre années, à commencer du
1er de l'année 1715. » Prise le 23 décembre 1714, cette
délibération était approuvée par Monseigneur l'archevêque
de Toulouse, le 8 janvier 1715, et à Montauban, le 8 mars
suivant.

Il y eut pourtant des interruptions, car une délibération
du 8 juin 1772 porte « que la communauté, attendu le
besoin que la ville se trouve avoir d'une régente et sachant
le service que les *Providentes* rendent dans les villes et vil-
lages voisins par la bonne éducation qu'elles donnent aux
enfants, consent, sous le bon plaisir de M. l'Intendant, de
donner à la Providente, que MM. les vicaires-généraux
veulent bien lui procurer, la somme de 80 livres. » Nous
n'avons trouvé aucune trace des suites données à cette
décision. Mais l'absence de la régente reste acquise, et par
conséquent, une vacance trop prolongée dans ce service en
souffrance depuis longtemps déjà.

L'existence d'une maîtresse laïque n'est de nouveau cons-
tatée qu'à partir de 1812. Depuis lors, plusieurs se sont
succédé. En 1832, les Sœurs de Nevers vinrent s'établir à
Grenade, où elles ont fondé un pensionnat de demoiselles
assez important. Aujourd'hui l'enseignement des filles est
encore donné par deux institutrices laïques libres qui, avec
les sœurs, rivalisent de zèle et de dévouement pour la prospérité de leurs écoles respectives. La commune accorde
toutefois à l'une des deux institutrices laïques une subvention de 50 francs.

LISTE DES INSTITUTEURS

Avant 1789

1586 X...
1587 Maret Marc.
1589 Thoron.
1616 Darroquat, docteur.

1622 Tautrer, prêtre.
1624 Begué.
1626 Forgues, prêtre.
1632 Rochefort, dr-avocat.

1732 Gibert, prêtre.
1640 Lafaur.
1647 Ader, adjoint.
1651 Bacou.
— Dadé, prêtre.
1665 Peyrille, prêtre.
— Serres.
— Giraud, écrivain.
1669 Lacroix, »
— Rozès, »
— Moreau, »
1672 Fabet, »
1694 Daubian, prêtre.
1702 Delsol, latiniste.
— Rigal, écrivain.
— Boulot, »
1704 Belin, prof. latin.
1706 Desclassan, »
1719 Dargassies, »
1722 Carrière, »
1724 Moulères, »

1725 Barry, »
1727 Lezat, s. d. »
1730 Baïssade, »
1735 Caubet, »
1736 Sarrou, »
1739 Baïssade (cité), »
1743 Moret, écrivain.
1744 Audigé, prof. lat.
1746 Sérac, »
1747 Destremps, »
1749 Liesta, »
1750 Guibert, »
1751 Picot, »
— Dargassies, »
1754 Caussé, »
1756 Longuefosse, »
1771 Dader, écrivain.
1780 Gleyses, »
1784 Martres, »
1787 Caylou, latiniste.

INSTITUTRICES

1624 Les Ursulines.
1672 Dme Moreau.
1689 Dlle de Lacroix.

1715 Dlle Demons Suzanne.
1740 Dlle Demons cadette.

Après 1789

1791 Fehaut, géomètre.
1792 Martres, écrivain.
— Siadoux, »
— Rivière, latiniste.
1793 Lefèvre, écrivain.
1797 Charrasse, »
1800 Daspet, »
1807 Caylou, latiniste.

1807 Belou, écrivain.
— Genest, »
1811 Bertrand, latiniste.
— Dispan, écrivain.
— Martres ☼ »
1827 Foch, latiniste.
1831 Pouilh.
1832 Riquiem père.

1832 Riquiem fils.
1852 Diou.
1853 Les Frères (écol. lib.)
1863 Dardenne.
— Monié (septembre).
1865 Marquet.

1870 Burgant.
1872 Rumeau.
1876 Lagardelle, adjoint.
1877 Cazals (octobre).
1878 Rumeau (février).
— Garrigues (oct.), adj.

INSTITUTRICES

1812 Dᵐᵒ Dispan.
1816 Dᵐᵉ Niocel.
1832 Dames de Nevers.
1847 Dᵐᵉ Gardery.
1864 Vᵉ Campariol.
1871 Dˡˡᵉ Campariol.

1868 Vᵉ Campariol.
1872 Bousquet.
1877 Lannes.
1878 Les Frères (écol. lib.)

Saint-Caprais

1847 Couget.
1850 Mauran.
1859 Condaré.
1870 Commère.
1875 Dupuy.
1876 Dubernard.

Section de Larra

1839 Mauroux.
1846 Martel.
1860 Marquet.

LISTE DES MAIRES DE GRENADE

1693 Pérignon (de).
: . . . .
. . . .
1759 Soulhié.
1761 Bergé (de).
1764 Montané.
1772 Teulade.
1775 Capmartin.
1784 Gineste.
1789 Finot.
1790 Belan.
1791 Parayre.
1794 Borgéon.

1795 Barincou.
1801 Montané.
1805 Finot.
1811 Belan.
1816 Sizes.
1822 Rieupeyroux aîné.
1830 Teyssier aîné.
— Desegaulx.
1831 Cornac ✠.
1870 Barcouda Auguste.
1877 Grateloup (15 août).
1878 Barcouda A. (janv.) ✠

LISTE DES CURÉS

1586 Papus.

. . . .

1644 Devedelly.
1687 Gevalgé.
1699 De Saget.
— Layrac.
1703 Malaubert.
1732 Murasson.

1743 De Lapise.
1749 Calmettès.
1759 Boussac.
1778 Carrière (1).
1803 Dupuy.
1828 Passerieu.
1856 Flottard, curé doyen.
1867 Durand, curé doyen.

LISTE DES CONSEILLERS GÉNÉRAUX

1811 Pérignon.
1824 Goudin.

. . . .

1834 Rolland, m^{re} de Toul.

1840 De Lartigue.
1849 Cornac.
1871 Montané Amédée.
1878 Barcouda Auguste. ✠

LISTE DES CONSEILLERS D'ARRONDISSEMENT

1811 Chambert.

. . . .

1822 Marquis de Chalvet-
    Rochemonteix.
1825 Dupin de St-André.

1834 Abadie.
1844 Cornac.
1850 Jouvion.
1871 Pougés Gabriel.
1874 Bruyères.

(1) Jusqu'à la Révolution, les curés ont tous eu le titre d'archiprêtre.

VIII. — Canton de Grenade.

Le canton de Grenade, situé dans la plaine qui s'étend sur la rive gauche de la Garonne et sur la basse vallée de la Save, a été formé par la réunion de treize communes. Il est borné, au nord, par le canton de Verdun (Tarn-et-Garonne); à l'est, par le canton de Fronton; au sud-est, par le canton de Toulouse (ouest); à l'ouest, par le canton de Cadours ; au sud-ouest, par le canton de Léguevin.

En 1789, le canton de Grenade et celui de Léguevin étaient encore inégalement répartis entre les deux grands commandements de Guienne et de Gascogne, et, depuis 1271, époque de la réunion du comté de Toulouse à la couronne, le territoire de Languedoc était divisé en diocèses civils ou temporels, subdivisés eux-mêmes en vigueries ou jugeries.

Ainsi, Aussonne et Seilh appartenaient à la viguerie de Toulouse ; Grenade, le Burgaud, Merville faisaient partie de la jugerie de Verdun. Mais plus tard, Louis XI les détacha du Languedoc pour les donner à l'élection de Rivière-Verdun dont Grenade fut un moment la capitale. De sorte que jusqu'à la Révolution elles restèrent soumises au gouvernement de Guienne et Gascogne; Bretx, Daux, Menville, Thil, faisaient partie du comté de l'Isle-en-Jourdain ; Launac, Montaigut, Saint-Cezert, Saint-Paul relevèrent tour à tour des seigneurs de l'Isle-en-Jourdain et de Lomagne, pays des baronnies.

Ces divers territoires féodaux, à l'exception d'Aussonne et de Seilh, appartinrent à l'élection de Lomagne, jusqu'en 1790. A ce moment, le canton de Grenade tout entier fut compris dans le quatrième district du département de la Haute-Garonne, celui de Grenade-Beaumont. (D'après Roschach.)

La superficie territoriale des communes du canton est de 22,920 hectares 85 ares, pour une population de 10,918 habitants.

Les voies de communication du canton se subdivisent en réseau subventionné qui s'étend sur une longueur de. . . . .   105 k· 227

Et réseau non subventionné.   97   743

Ce qui donne une longueur totale de. . .   202 k· 970

Nous donnons ci-dessous le tableau des distances, avec les noms des principaux fonctionnaires de chaque commune. Cependant nous n'avons garde d'oublier de mentionner les foires qui se tiennent périodiquement dans les communes du Burgaud, Daux, Merville et Launac, où le marché a lieu le jeudi.

Launac même est le chef-lieu d'une deuxième perception qui a dans sa circonscription les communes de Bretx, Burgaud, Menville, Saint-Cezert, Saint-Paul et Thil.

Il y a aussi une étude de notaire.

Communes du canton de Grenade avec le nom des principaux fonctionnaires.

Numéros d'ordre	NOMS des COMMUNES	SUPERFICIE	POPULATION	DISTANCE des Communes AUX CHEFS-LIEUX			BUREAUX DE POSTE	NOMS DES MAIRES	NOMS DES CURÉS	NOMS DES INSTITUTEURS
				du Canton	d'arrondissem¹	du départem¹				
1	GREN DE Larra St-Caprais	5344ʰ »	3973 ·	7 5	25	25	Grenade id. Saint-Jory	Barcouda ✳ Doujat adjoint Jouyes 2ᵐᵉ adj.	Durand Esparbié Dasque	Rumeau Lannes Dubernard
2	Aussonne	1376	640	12	17	17	Mondonville	Lasserre	Aragon	Marignac
3	Bretx	141	219	14	26	26	Lévignac	Fauresse	Costes	Dlle Durand
4	Burgaud	2194	784	12	37	37	Grenade	Lagardelle	Cambon	Ricardie, Dⁱˡᵉ Boqué
5	Daux	1670	601	11	21	21	Mondonville	Bruyères	Destarac	Coutian
6	Launac Galembrun	5344	948	10	30	30	Grenade	Milharoux	Crabié Lataste	Campistron Adher
7	Menville	507	230	17	26	26	Lévignac	Estellé	Durand, vic.	»
8	Merville	3106	1184	7	21	21	Grenade	Pouvillon	Esparbié	Seilhan, Dᵐᵉ Aragon
9	Montaigut	1263	1471	11	22	22	Mondonville	Salomon	Delhom	Espirac
10	St-Cezert	894	326	9	34	34	Grenade	Sicard	Dusan	Sapène
11	Saint-Paul	507	333	12	23	23	Lévignac	Siméon	Delhom	Dlle Bongiraud
12	Seilh	620	232	10	15	15	Mondonville	Cazergues	Sabathié	Gazagne
13	Thil	2368	883	14	29	29	Lévignac	Estellé	Couzinet	Lannes Dlle Ruffat
		22920 »	10948							

FONCTIONNAIRES POUR LE CANTON

Ayant une résidence à Grenade.

Juge de paix : M. Baron ; — Greffier : M. Lacoste ; — Huissier : M. Bosc.

Percepteurs : MM. Thevenin, à Grenade ; Garres, à Launac.

Receveur de l'Enregistrement : M. Moffre.

Receveur des Contributions directes : M. Delage ; M. Cabal, commis.

Agent-voyer : M. Bouzigues.

Notaires : MM. Balard, Talazac, Grateloup ; M. Mailles, à Launac.

Télégraphe : M. Saint-Paul. — Postes : Mlle Mazenc.

Commissaire de police : M. Pouilh.

Médecin cantonal : M. Rieupeyroux.

Secrétaire de la Mairie : M. Laffont..

ACTE DE PARÉAGE

. Tenor instrumenti parcagii loci de Granata exhibiti in primâ
figurâ coram dicto domino judice et commissario per dictum fra-
trem petrum syndicum dicti domini abbatis Grandis-Silvæ et
monasterii ejusdem pertuti noviter publicati, presentibus dictis
sindico ac substituto dicti procuratoris regis descriptiquc, ac in
formam autenticam redacti ad finés indictas commissionum litteris contentos anno et die prima dictis dictoque sindico restituti
subsequitur.

Philippus, Dei gratia Francorum rex, universis presentes litteras
inspecturis salutem Notum facimus quod nos quoddam publicum
instrumentum manu Bernardi Johanini publici notarii Castri-novi
et totius senescalliæ Tolosanæ et Albiensis confectum, ejusque
signo signatum, ac sigillo Eustachii de Bellomarsis militis senescalli nostri Tolosani et Albiensis sigillatim vidimus in hæc
verba.

Art. 1er. — In nomine Domini nostri Jesu-Christi notum sit,
cunctis tam presentibus quam futuris quod religiosus vir dominus Petrus Alphonsus, abbas monasterii Grandis-Sylvæ
Cisteriensis ordinis diocesis Tolosanæ; et frater Guilhelmus de
Guillamota sindicus, ut dicebat, ejusdem monasterii pro se, et
toto conventu presenti et futuro utilitate ejusdem monasterii
et conventus promissa et tractatu habito cum nobili viro domino Eustachio de Bellomarchisio militi, senescallo Tolosano
et Albiensi pro excellentissimo domino Philippo Dei gratia
Francorum rege, pro facienda nova bastida seu populatione per
dictum dominum nostrum regem ex una parte et abbatum et
syndicum nomine dicti monasterii ex altera, in territorio vocato
de Veteri Aquâ et grangiæ dicti loci, nomine suo et dicti monas.
terii et conventus ejusdem dederunt et tradiderunt dicto domino
senescallo presenti, stipulanti et recipienti sive et nomine dicti
domini regis et pro ipso pactionibus conventionibus et retentio-

nibus inferius scriptis; videlicet dederunt enim prædicti abbas et syndicus pro se et nomine quo supra mediatem pro indiviso trium millium platiarum ad construendum domos ibidem et ultra si plus sint necessariæ habitatoribus dictæ bastidæ et trium millium casaliarum et duorum millium arpentorum ad communem mensuram bellimontis, ita videlicet quod quodlibet airale seu platea pro domo construenda habeat seu contineat quinque brassiatas in atitudine, et quindecim brassiatas in longitudine, et quælibet casalaria contineat quartam partem unius arpenti ad mensuram bellimontis supra dictam : alia vero medietate dictorum arpentorum , platearum, casaliarum terræ quoad proprietatem et dominium dicto monasterio remanerint; quæ omnia promissa habitatoribus dictæ bastidæ, nomine domini regis et dicti monasterii in emphiteosim concedantur sub certis sensibus seu obliis videlicet quòd dein pro quolibet locali domus seu platia quinque denarios Tolosanos et pro qualibet casalaria tres denarios tolosanos in festo omnium Sanctorum annuatim persolvendos et pro quolibet arpento terræ decem denarios Tolosanos in festo beati Thomæ apostoli annuatim persolvendos, aliis dominationibus emphitriticalibus retentis in promissis dictis domino regi et monasterio memorato. Si vero contingeret quod habitatores veniverint in dictam bastidam ultrà numerum prædictum, quod dictus dominus abbás et conventus monasterii supra dicti teneantur dare et concedere in emphitheosim omnibus venientibus ad dictam bastidam, causâ habitandi, ibidem casaliarias et arpenta ad mensuram et census suprà dictos, ita indolis quod dictæ obliæ cum suis dominationibus sint integrè et in perpetuum prædictorum abbatis et conventus monasterii supra dicti.

Art. 2. — Item in furnis, banquiis, tabulis, leudis, salinis, portibus, rivagiis, marguilis, passagiis, clamoribus, justitiis, retro clamoribus, immendiis, condemnationibus, compositionibus, incartimentis, venditionibus, seu pax, impignationibus, retrocapitibus, et omni juridictione temporali et alta et bassa justitia ad dictam bastidam et pareagium cum suis demoriis pertinentibus et contingentibus ad prædicta dictus dominus rex habet medietatem perpetuo, et aliam medietatem dictum monasterium pro indiviso retento risorto exercitu et cavalgata, et incursibus hæreticæ pravitatis domino regi in solidum ita tamen quod dominus rex seu dominus Tolosæ teneatur intra annum et diem prædictos incursus.

sic commissos bonorum immobilium extra manum suam ponere
et talibus personis tradere, quæ denaria teneatur facere et solvere
dictis domino regi et abbati et conventui dicti monasterii, nil
dicto monasterio se ab ipso in solidum tenentur tamen pax venditiones, impignorationes, retrocapita justitiæ, et alia denaria em-
phitheotalia percipienda de possessionibus quæ tenebuntur in
emphitheosim in solidum ad dictum monasterium remanerent et
sint in solidum dicti monasterii, ita quod nihil percipiat dominus
rex in prædictis.

Art. 3. — Item si aliquæ possessiones communes dicto domino
regi et monasterio prædicto ex quâcumque causâ vel occasione
tenuerint in commissum ipse dominus rex et monasterium teneantur illas vendere vel extra manum suam ponere personæ vel
personis non a jure prohibitis intra annum et diem, sed talibus
quæ pro ipsis possessionibus dicto domino regi pro parte suâ, et
dicto monasterio pro parte suâ et alias valeam desevenire

Art. 4. — Item omnes possessiones et terras extra pareagium
prædictum existentes videlicet grangiarum de veteri aqua, de
Volta, de Gaura, de Belista ultra illas quas dicti abbas et conventus
prædicti monasterii sibi retinebunt prout inferius exprimetur tra-
dent et concedent in emphitheotim dicti abbas et conventus
habitatoribus bastidæ seu villæ sub pactis et conditionibus quod
de omnibus bladis et fructibus terrarum et possessionum prædictarum dum ipsi emphitheote et reddant dicto monasterio octavam
partem in garba vel in grano ad electionem procuratorum dicti
monasterii, et quintam partem nucum et nihilominus ultra prædicta pro quolibet arpento terræ unum turonensem pro obliis cum
suis dominationibus qui turonensis et dominationis sint mediatim
pro indiviso prædicti domini regis et dicti monasterii.

Art. 5. — Item dicta cum his quæ tenuerint in donatione prædictâ semper sit indivisa dicti domini regis et dicti abbatis et
conventus, et in dominio domini regis et successorum suorum et
illorum qui succedent et specialiter in Tolosâ, et dicti monasterii,
et quod dictus dominus rex seu successores sui aliquo modo non
possint prædictam bastidam nec aliquid de prædictis dare, legare,
obligare, vendere seu alienare, seu in quamcumque personam
transferre nisi in monasterium supra dictum, sed semper habeat
et possideat ille qui fuit, pro tempore dominus de Tolosâ in quantum pertinet ad manum domini regis superius memorati Tamen

pax, venditiones, impignorationes, retrocapita justitiæ, et alia dominia emphitheotralia percipienda de possessionibus quæ tribuuntur in solidum in emphitheosim a prædicto monasterio remaneant et sint in solidum dicti monasterii ita quod nihil percipiat in prædictis dictus dominus rex nisi ut supradictum est.

Art. 6. — Item in dicta bastida sit semper bajulus communis et judex sive judices et notarii curiæ, et consules, et alii, et nuntii curiæ, et precones, et alii officiales cujuscumque conditionis existant, qui pro tempore in dicta bastida seu villa fuerint per dictum dominum regem et abbatem dicti monasterii in simul et communiter instituentur, et cum contigerit destituentur, et juvabunt in officiosum institutione fidelitatem tenere et servare dicto domino regi et monasterio memorato, et quod quamdiu commissum officium seu servicium exercebunt, fideliter se habebunt et nullum contra justitiam gravabunt prece vel prétio odio vel amore, et quod judex bajulus et consules notarii curiæ et alii nuntii et precones et alii officiales obtemperabunt et obedient mandatis prædicti domini regis et abbatis prædicti monasterii et procuratorum eorumdem, et quod bajulus prædictus idonec causas prædicto domino regi, et prædicto monasterio, et quilibet earumdem legale computum reddere de præceptis per ipsum vel suos, vel ejus mandatis et partem quamlibet contingentem eis dare et tradere fideliter.

Art. 7. — Item banna et preconisationes fient in dictà bastida seu villa ex parte domini regis et abbatis monasterii supra dicti per preconem seu precones.

Art. 8. — Item habitatores dictæ bastidæ seu villæ tenebuntur protegere et servare et deffendere bona et jura et personas et gentes dicti domini regis et monesterii suprà dicti et servare et facere mandata et præcepta.

Art. 9. — Item si dominus rex vel successores sui facerent talliam sive questam vel donum vel subventionem peterent in dictà bastida seu villa nil ejus pertinentiis sine abbatis et conventus monesterii prædictorum consensu vel dictus abbas pro se sive dicto domino rege facere talliam vel questam voluntariam vel coactam vel recipere donum seu subventionem per medium dividatur inter dominum regem et abbatem sive monasterium ante dictum nisi dominus rex vel dominus Tolosæ generalem talliam vel collectam facerent in toto comitatu Tolosæ.

Art. 10. — Item si populatio dictæ bastidæ seu villæ aliquo

casu destrueretur sive depopularetur, quod absit, locus dictæ bastidæ seu villæ et omnia alia quæ in dictam donationem tenerent, redeant ad jus et proprietatem dicti monasterii et ad ipsum; prout erant tempore factæ donationis et ante libere et absque impedimento aliquo revertantur. Si vero in totam vel majorem partem destrueretur, et si postquam villa fuerit restituta post triennium tamen et non fuit ædificata aliqua localia remanerent intra dictam villam quod dictus abbas extra villam habeat totidem et tantumdem de possessionibus concessis in pareagio.

Art. 11. — Item abbas et conventus possint si voluerint in dicta bastida seu villa prout eis videbitur expedire construere vel facere construi ecclesiam, oratoria vel capellas cum domibus rectoribus et clericis ipsis necessariis liberis immunibus sive franchis.

Art. 12. — Item jura ecclesiastica et spiritualia prædictæ bastidæ seu villæ sive pertinentiarum ejusdem, et decimæ primitiæ, et omnia spirituala iisdem annexa totaliter illosa ad dictum monasterium libera perpetuo remanebunt.

Art. 13. — Item dominus rex et sui successores non permittent milites, clericos in sacris ordinibus promotos, vel aliquot religiosos, vel judeos, vel domos hospitales, vel leprosorum in dicta villa seu bastida, sive in pertinentiis dictæ villæ absque voluntate et expresso consensu dicti domini regis et abbatis et conventus monasterii supradicti nil gentium ipsorum habitare sive populari ullo modo.

Art. 14. — Item dominus rex et abbas prædicti monasterii sive procuratores eorum communiter dent in emphitheosim possessiones illas quas communiter habent emphitheotæ in instrumentis super hoc conficiendis promittant dicto domino regi et conventui et abbati prædictis censum reddere constitutum et cæteras dominationes et jura prout enumerat emphitheotaria terrarum prædictarum et possessionum.

Art. 15. — Item dominus rex concedat et assignet fieri mercatum in dicta bastida seu villa semel in septimana, scilicet in die mercurii et nundinas bis in anno scilicet in festo beato rum apostolorum Philippi et Jacobi et in festo beati Nicolai hyemali.

Art. 16. — Item omnis juridictio meri et mixti imperii et juridictionis, et ea quæ possunt fieri et intelligi ratione predictorum et quæ discendum ex promissis quantum sunt et si extendunt terræ et possessiones existentes in pacragio supra dicto, et omnes justitiæ et incursus condemnationes et compositiones sint prædicti domini regis et prædicti monasterii Grandis silvæ pro indiviso, ita tamen quod possessiones et bona immobilia quæ a dicto monasterio in solidum vel in parte in emphitheotim vel aliter tenebuntur quod ad dominum regem vel alios successores quocumque modo contigerit pervenire, teneatur dominus rex extra manum suam ponere intra annum et diem a jure non prohibitas prout superius est expressum.

Art. 17. — Item quod terræ et possessiones quæ erunt extra pareagium quas dictus abbas et conventus concedere voluerint habitatoribus dictæ bastidæ, dicto monasterio et conventui ultra octavam partem fructuum, dent unum denarium turonensem cum suis dominationibus qui sit communis domini nostri regis et dictorum abbatis et conventus et quod in illis terris sit in emphitheosim concessum quæ erunt extra pareagium prædictus dominus rex et prædictum monasterium habeant omnimodam juridictionem usque ad sexaginta solidos tolosanos, in omni casu et de omni casu retento tamen ultra dictos sexaginta solidos mero et mixto imperio in solidum et alta juridictione et justicia quæ dicto domino regi remanebunt octava parte fructuum et quinta nucum dicto monasterio remanenti ut superius est expressum, et si quid de honoribus proxime dictis tenerent in commissum, illud commissum per medium dividatur et si qua questio moneatur pro terris honoribus quæ tenebunt homines dictæ bastidæ, illa audiatur et disceptetur per curiam vel judicem dicti loci.

Art. 18. — Item habitatores aliqui intra terminos dictæ bastidæ seu villæ existentes per aliquem judicem vel bajulum non compellantur litigare aut in judicio existere nisi in prædicta bastida, et coram bajulo aut judice dicti loci, nisi forte ratione contractus delicti vel rei de qua questio verteretur de rigore juris alibi, vel coram alio teneretur judice litigare vel nisi causa per apellationem ad superiorem perveniret.

Art. 19. — Item retinent abbas et conventus prædicti grangiam de balneolis cum terris viniris ortis, nemoribus, pascuis, honoribus ac possessionibus et omnibus pertinentiis suis usque ad flumen Garumnæ prout confrontatus a parte altani cum terminali Sancti-Georgii, a parte vero cercii sive occidentis cum terminali de Undis, à parte vero meridiei cum flumine Garonæ, a parte aquilonis cum terminali de Castro novo de strictis fontibus.

Art. 20. — Item retinet grangiam de veteri aquæ cum clausuris suis et curtalibus et domos, ortos, vineas et prata necessaria ad opus dictæ grangiæ et centum cartonatas terræ pro agricultura.

Art. 21. — Item retinet grangiam de Gaura cum domibus et clausuris et curtalibus, ortis et vineis, pratis et terris et omnibus nunc excultis et pertinentiis suis quæ terræ sic confrontantur in primis quâdam culturâ vocatâ de Tunatio quæ confrontatur ab altano cum flumine Savæ, ab occidente cum nemore seu forestâ Sancti-Severini, a meridie cum quâdam justâ quæ descendit de dicto nemore et cadit in flumine Savæ quæ dividit terminalia grangiæ de Aurano et de monte Acuto, a parte vero aquilonis cum aliâ culturâ de Gojaco.

Art. 22. — Item alia cultura vocata de Villaverto et de Bosumviliis et de montibus confrontatur a parte altani cum prædicto nemore Sancti-Sevirini et cum vineâ grangiæ memoratæ, a parte vero occidentis sive circii meridiei sive aquilonis cum nemoribus sive nemore grangiæ ante dictæ.

Art. 23. — Item alia cultura vocata de Bajaco confrontata a parte altani cum flumine Savæ, a parte vero circii et aquilonis cum nemore sive nemoribus grangiæ memoratæ a parte vero meridiei cum vineâ prædictâ et culturâ vocata de Fracino.

Art. 24. — Item retinet grangiam de ea Volta cum clausuris suis domibus, ortis, vineis, pratis, terris et possessionibus non cultis quæ terræ confrontantur sic quædam cultura de Cantavalio vocata et de Gojaco, a parte altani cum honoribus domini regis et monasterii Grandis silvæ ; a parte vero occidentis cum flumine Savæ, et a parte meridiei cum honore de Capella, a parte vero aquilonis cum nemore seu forestâ grangiæ supra dictæ.

Art. 25. — Item quædam cultura vocata de Gojaco confrontans ab altano cum flumine Savæ, a parte circii cum via qua itur de Aucanvillâ ad grangiam de Aurano, a parte meridiei et aquilonis cum nemoribus seu forestis monasterii Grandis silvæ.

Art. 26. — Item retinent grangiam de Bellestare cum domibus curtalibus ortis, vineis, pratis ibi necessariis et cum centum cartonatis terræ pro agriculturâ.

Art. 27. — Item retinent decem cartonatas nemoris defensi pro grangia de Bouta, item decem cartonatas nemoris defensi pro grangiâ de Arrano.

Art. 28. — Item retinent in grangia de Bellestare quinque cartonatas terræ in quibus possint facere nemus defensum et teneri.

Art. 29. — Item retinent decem cartonatas nemoris defensi in grangia de Veteri-Aqua quæ quidem sint communia dicti domini regis et monasterii memorati ad ædificandum et reædificandum et reparandum molindina paxivias et marguillia quæ nunc sunt et erunt in futurum in locis supra dictis et alia necessaria ipsis molindinis paxiviis et marguilliis et quæ possunt recipere gentes dicti domini regis et monasterii ligna et aratra necessaria ad grangiam prædictam et ad domum prædicti domini regis quæ erit in futurum in dicta bastida seu villa et ad domum prædicti monasterii quæ erit in futurum in dicta bastida seu villa.

Art. 30. — Item quod prædicti abbas seu conventus monasterii supra dicti non dent nec possint dare terras prædictarum grangiarum in emphitheosim nisi hominibus habitantibus in dicta bastida seu villa et sub pensionibus et censibus supra dictis.

Art. 31. — Item molindina cum suis paxiviis et becatoriis et aliis pertinentiis venis et marguillis qui nunc sunt et erunt in futurum in locis supra dictis et alia necessaria ipsis molindinis construentur in flumine Savæ sint perpetuo per medium inter dictum dominum regem et dictum monasterium, ita tamen quod in molindinis quæ nunc sunt, dictus dominus rex non habeat ullam partem donec reædificare fecerit suis propriis sumptibus æquè bona molindina ; sed sint interim libera monasterii supradicti et quam cito prædictus dominus rex æquè bona molindina ædificare fecerit ulla et ea quæ nunc sunt per medium in pro indiviso omnino prædicti regis et monasterii supra dicti et quot extant in antea molindina quæ nunc sunt et erunt in futurum sint obligata ad mo landum blada monasterii supra dicti et grangiarum ejusdem ante omnia alia blada quorumcumque hominum eum moldura solvenda quam alii ibi solvebunt qui bladi in ibidem molinum eoria; etiam et omnes panes dicti monasterii in dictis molindinis paratoriis ante alia quæcumque hominum præparentur solvendo tamen ea quæ alii ibidem exsolvebunt.

Art. 32. — Item molindina sive marguilla quæ construentur aliquo tempore in flumine Garonæ ab honore de Capella usque ad locum ubi flumen Savæ intrat seu cadit in dicto flumine Garonæ sint perpetuo et per medium inter dictum dominum regem et dictum monasterium cum paxiviis, rivagiis, et aliis necessariis dictis molindinis, quæ omnia expressis communibus construantur et ædificantur ac etiam reparentur.

Art. 33. — Item retinent quod in dicta bastida seu villa dictus rex et dictum monasterium possint habere domos competentes et cararum qui construatur de prioribus redditibus quos dominus rex et dictus abbas seu monasterium percipient seu tenebunt in dicta bastida et sic dictus carar bonus et sufficiens, et dictus locus cararis seu cararum sit communis pro indiviso.

Art. 34. — Item retinet bordam et ædificia quæ sunt in loco vocato de Tornafolio et septem cartonatas terræ, quæ sunt infra balata et duo molindina navalia quæ nunc sunt in Garona cum suis pertinentiis et paxiviis et rivagiis in solidum et in perpetuum ; ita tamen quod in Tornafolio videlicet ab illo loco ubi immiscent se aquæ Savæ cum Garona usque ad rivum de Marguestaud non fiant alia molindina per dominum regem sub dictum monasterium semper possit habere ac tenere duo molindina navalia propria et in solidum in Garona infra terminos seu fluvios supra dictos pro sua voluntate perpetuo facienda.

Art. 35. — Item dominus rex et successores sui omnia bona et jura et res facient tenere et possidere pacifice et quiete dicto monasterio prout melius et plenius sunt expressa salvo jure in omnibus alieno.

Art. 36. — Quæ omnia et in singula prout superius sunt expressa et donata dicti abbas et sindicus capitulo et conventui facient laudari approbari et confirmari quam donationem seu concessionem uti superius sunt expressa dictus dominus senescallus sui et nomine dicti domini regis successorumque suorum et pro ipsis recepit et acceptavit retenta voluntati dicti domini regis promisit etiam idem dominus senescallus quod omnia prædicta et singula prout superius sunt expressa faciet confirmari et ratificari per dictum dominum regem nostrum, si prædicta idem duxerit acceptanda, seu voluerit acceptare ex sigillo dicti domini regis faciet, sigillari de quo sindicatu idem sindicus fert fidem per quoddam publicum instrumentum confectum et signatum in primā facie apparebat per manum magistri Bernardi de Montausolle, publici notarii domini regis de Bellimontis quod incipit in primā lineā : *noverint*, in secundā : *frater*, et in sextā : *berenga-*

rius, et iu ultimâ *scripsi*, qui sindicatus diligenter inspectus non
viciatus non cancellatus, nec in aliquâ parte sui correptus per
dictum senescallum et ejus judices et curiales nechon et dictus
sindicus fuerunt admissi tanquam confectus et ordinatus juxtâ
legitimas sanctiones.

Art. 37. — Acta fuerunt hæc apud Rapistagium die lunæ ante
festum nativitatis beatæ Mariæ Virginis anno domini millesimo
ducentesimo nonagesimo regnante domino Philippo rege Francorum, in præsentia et testimonio discretorum virorum magistrorum
Arnaldi de Raisaco Bernardi Sancii, judicis nunc Villælonguæ, Arnaldi de Ponto, judicis Lauragensis, Stephani Descalaumesis, judicis Verdum et Basconiæ, Petri Maurini procuratoris domini regis,
domini Guillermi de Caisetis militis et legum doctores, Guillermi
de curiâ jurisperiti domini Joannis archiepiscopi, magistri Raymondi Boni, fratrum Petricus Radulphi, Bertrandi de Montelauro,
Guillermi Raymondi Valvistæ, Bernardi pro monachorum Grandis silvæ, et Bernardi Joanniui publici notarii Castri de Petrucia domini regis et totius senescalliæ Tolosæ et Albiensis, qui ad requisi-
tionem dictorum abbatis et sindici et ad præceptum dicti domini
senescalli prædicta scripsi et in formam publicam redegi et signo
meo signavi constat mihi notario supra scripto de primâ interlinea-
turâ quæ est in trecentesimâ secundâ lineâ a principio hujus instrumenti inferius computanda : item de secundâ decimâ octavâ lineâ
a fine istius instrumenti superius computanda, et quæ prima videlicet in solidum, et secunda est ad domum prædicti monasterii,
quæ erit in futurum in dicta bastida seu villa et ad majorem fir-
mitatem omnium et in testimonium promissorum, nos Eusta-
chius de Bellomarchesio, miles, senescallus prædictus sine præsenti publico instrumento sigillum nostrum duximus apponendum regula de confirmatione pareagii per dominum regem. Nos
autem pareagium, donationem et associationem prædictas sub
modo et forma prædictis jam habitum factum et conventum ratum
et gratum habentes promissa omnia et singula prout in instrumento prædicto sunt expressa conventa et promissa volumus lau-
damus et tenore præsentium approbamus nostrumque in prædictis omnibus præstamus assensum ; salvo tamen in aliis jure nos-
tro, et jure quolibet alieno quo ut ratum et stabile permaneret in
futurum præsentibus litteris nostrum fecimus apponi sigillum ;
nos quidem inter linearia de quibus in fine instrumenti prædicti

fit mentio vidimus et ea approbamus Actum Parisiis anno domini millesimo ducentesimo nonagesimo mense novembris in cujus visionis prædictæ testimonium, nos Stephanus Alberti licentiatus in legibus illustris, Franciæ Regis clericus ejusdem judex ordinarius Tolosæ custosque sigilli majoris senescalliæ et vicariæ Tolosæ huic præsenti vidimus sigillum majus prædictum senescalliæ et vicariæ prædictæ in pendenti duximus apponendum. Facta est collatio per perpetuum debetur et de longo prato collatio fuit facta cum originalibus litteris a quibus promisatæ litteræ fuerunt abstractæ per Geraldum de Ballera notarium Tolosæ publicum in cujus rei testimonium hic me subscripsi et signo meo quo utor in publicis actibus signavi.

Collationné sur les registres des paréages du roy par moi, garde des archits royaux de la trésorerie de Tolose, le vingt-septième novembre mil cinq cent quatre-vingt-quatre. De Cavalier Arsin, signé.

Collationné sur l'expédié du susdit paréage par nous conseiller secrétaire du bureau des finances de Saunhac.

TRADUCTION DE L'ACTE DE PARÉAGE

Relatif à la fondation de Grenade (1290)

Teneur de l'acte d'un paréage de Grenade, consigné sur la première carte du cadastre, par devant le dit seigneur, juge et commissaire, par le dit frère Pierre, syndic du dit seigneur, abbé de Grand-Selve et du monastère de ce nom, récemment publié en entier et décrit par les présentes au syndic et substitut du dit procureur du roi, rédigé dans la forme authentique pour les fins indiquées, contenues dans les lettres des contractants l'an et le jour déjà dit et rendu au syndic comme il suit :

Philippe, par la grâce de Dieu, roi de France, à tous ceux qui verront les présentes, salut.

Nous faisons connaître un acte public, rédigé par les soins de Bernard Johanni, notaire public de Castelnau et de toute la sénéchaussée du Tolosan et de l'Albigeois, signé de son sceau et du seing d'Eustache de Beaumarchais, homme d'armes, notre sénéchal du Tolosan et de l'Albigeois. Nous l'avons vu article par article conçu en ces termes :

Art. 1er. — Au nom de Notre-Seigneur Jésus-Christ, nous, faisons connaître à tous présents et à venir que le seigneur Pierre Alphonse, abbé du monastère de Grand-Selve, du diocèse de Toulouse, religieux de l'ordre des Cisterciens, et frère Guilhelme, syndic de Guilamothe, comme on l'appelait, du même monastère, ont passé le présent acte en leur nom et en celui de toute la communauté présente et future et en vue de l'intérêt de cette dernière ;

Entre noble seigneur Eustache de Beaumarchais, homme d'armes, sénéchal du Tolosan et de l'Albigeois, représentant le très-auguste seigneur Philippe, par la grâce de Dieu, roi de France, à l'effet de construire une nouvelle *bastide*, sous les auspices du dit seigneur notre roi d'une part ;

Et l'abbé et le syndic du dit monastère d'autre part. *Lesquels* sur le territoire appelé Aigues-Vieilles et sur la Grange du dit lieu, en leur nom et en celui du dit monastère et de sa communauté, ont donné et livré au dit seigneur sénéchal, présent, stipulant et réservant soit au nom du dit seigneur roi, soit en son propre nom, sous les clauses, conditions et réserves mentionnées plus bas ; ont donné, disons-nous, les dits abbé et syndic, en leur nom et en celui ci-dessus, la moitié de la propriété indivise de 3,000 emplacements pour y construire des maisons, et davantage si besoin est, aux habitants de la dite bastide ; 3,000 jardins et 2,000 arpents, d'après la mesure commune de Beaumont, de manière à ce que chaque aire ou emplacement par maison à construire ait ou contienne cinq *brasses* en largeur et quinze *brasses* en longueur ; que chaque jardin contienne la quatrième partie d'un arpent, d'après la susdite mesure de Beaumont. Mais l'autre moitié des dits arpents, emplacements et jardins, appartiendra au dit monastère en tant que sa propriété et son domaine ; que tous ses biens promis aux habitants de la dite ville ou bastide, au nom du seigneur roi et du dit monastère, leur soient concédés en emphythéose, sous certaines conditions ou obligations. C'est-à-dire que dans la suite, il sera payé par an : 1° A la fête de la Toussaint, pour chaque local ou emplacement de maison, cinq deniers toulousains et trois deniers pour chaque jardin ; 2° A la fête de saint Thomas, apôtre, dix deniers toulousains pour chaque arpent de terre, tous autres droits de propriété étant réservés envers ceux qui ont pris en emphythéose d'après les promesses faites par le seigneur roi et le monastère sus-nommé. S'il arrivait, par hasard, que des habitants vinssent dans la dite bastide en nombre plus grand que celui précité, que le dit seigneur abbé et la communauté du monastère sus-nommé soient tenus de donner et de concéder en emphythéose à tous venants dans la dite bastide, pour l'habiter, la même étendue de jardins et d'arpents d'après la mesure et les impôts précités, de façon que les dites redevances avec leur dépendances appartiennent intégralement et pour toujours aux susdits abbé et communauté susnommés.

Art. 2. — De même les droits sur les fours, les banques, tables, leudes, salins, ports, rivages, halages, passages, cris publics, justices, amendes, condamnations (*incarlimentis*), les ventes, soit volontaires, soit par impignoration, les acaptes et arrière-acaptes et même toute juridiction temporelle avec haute et basse justice dans la dite bastide et paréage, avec toutes ses contenances et dépendances dont il est parlé ci-dessus, appartiendront : une moitié au dit seigneur roi et l'autre moitié au dit monastère par indivis et à perpétuité; de manière toutefois que la souveraineté royale, le droit de lever des troupes et de faire des courses sur les hérétiques appartiennent au roi seul. Si pourtant le dit seigneur roi ou le comte de Toulouse s'emparaient de biens immeubles par les incursions précitées ou par confiscation, ils seraient tenus, dans le délai d'un an et un jour, de s'en dessaisir et de les livrer à telles personnes qui s'obligeraient d'en solder le prix aux dits seigneur roi, abbé et communauté du dit monastère; mais toutefois les ventes volontaires ou par impignoration, les acaptes et arrière-acaptes, les justices et autres droits emphythéotiques à percevoir sur les possessions détenues en emphythéose, que le dit monastère se serait réservés pour lui seul, lui reviendront en entier sans que le roi y ait rien à voir.

Art. 3. — De même, si quelques possessions communes au dit seigneur roi et au monastère précité tombaient entre leurs mains par confiscation, sous quelque prétexte ou évènement que ce fût, le roi lui-même et le monastère seraient tenus de vendre les biens confisqués ou de s'en dessaisir dans le délai d'un an et un jour en faveur d'une personne ou de personnes non prohibées de droit, mais à condition que, en retour de ces possessions, il serait payé au dit seigneur roi et au dit monastère leur part et toutes autres choses qui pourraient leur en revenir.

Art. 4. — De même toutes les possessions et toutes les terres situées en dehors des paréages précités, c'est-à-dire les granges de Vieilles-Aygues, de Volta, de Larra, de Bellesta, outre celles que les dits abbé et communauté du monastère susnommé garderont pour eux, comme il sera stipulé plus bas, seront livrées et concédées en emphythéose par les dits abbés et communauté aux habitants de la bastide ou de la ville sous les clauses et conditions que de toutes les récoltes, de tous les fruits des terres et des propriétés précitées, les bailleurs en emphythéose donneront, de leur côté, au dit monastère, la huitième partie en gerbe ou en grain, au choix des administrateurs du dit monastère, et la cinquième partie des noix, sans préjudice des autres redevances stipulées plus haut, pour chaque arpent de terre, d'un denier tournois, pour les offrandes avec leurs dominations, lesquels deniers tournois et dominations appartiendront par moitié et par individis au dit seigneur roi et au dit couvent.

Art. 5. — De même, la dite bastide ou ville, avec ceux qui viendront y prendre des fonds, sera toujours par indivis au dit seigneur roi, à l'abbé et au couvent, et du domaine du dit seigneur roi et de ses successeurs et de ceux qui le représenteront, — spécialement à Toulouse, — et du dit monastère ; mais ni le dit seigneur roi ni ses successeurs ne pourront en aucune manière donner, léguer, obliger, vendre ou aliéner, ni transporter sur quelque personne que ce soit la dite ville, si ce n'est au dit monastère ; mais pendant tout le temps qu'il y aura un comte de Toulouse, il jouira des droits du roi. Cependant la paix, les ventes, les impignorations, les amendes et les autres droits à percevoir sur les propriétés livrées en entier par le bail d'emphythéose par le dit monastère, restent en sa possession et lui appartiennent en entier ; de telle sorte que le dit seigneur roi n'ait rien à percevoir sur eux que ce qui a été stipulé plus haut.

Art. 6. — De même, il y aura dans la dite bastide un bailli communal, un juge ou des juges, des chargés de notaire, des consuls et autres magistrats, des huissiers, des crieurs publics et d'autres fonctionnaires de toute condition. Ceux-ci seront nommés à temps, dans la dite bastide ou ville, par le dit seigneur roi et par l'abbé du dit monastère, agissant de concert ; quand besoin sera, ces fonctionnaires pourront être destitués. Dans l'exercice de leurs fonctions, ils garderont et conserveront leur fidélité au dit seigneur roi et au monastère précité, tant qu'ils exerceront l'emploi ou l'office qui leur a été confié ; ils se conduiront avec fidélité et ne se laisseront corrompre pour commettre une injustice, ni par la prière, ni par l'argent, ni par l'amour, ni par la haine. Le juge, le bailli, les consuls, les notaires, les crieurs publics et les autres fonctionnaires obtempéreront et obéiront aux ordres du susdit seigneur roi, de l'abbé du monastère précité ou de leurs fondés de pouvoirs. Le bailli précité tiendra d'une manière convenable l'intérêt du seigneur roi et du susdit monastère, rendra un compte légal de leurs ordonnances par lui-même, par les siens ou par ses ordres, et leur fera donner et livrer avec fidélité la part qui leur reviendra en toutes circonstances.

Art. 7. — De même les bans et les cris publics seront faits dans la dite bastide ou ville de la part du roi ou de l'abbé du monastère précité par le crieur public ou les crieurs publics.

Art. 8. — De même, les habitants de la dite bastide ou ville seront tenus de protéger, de conserver et de défendre les biens, les droits, les personnes et les peuples du dit seigneur roi et du dit monastère ; de garder et d'exécuter leurs ordres et leurs commandements.

Art. 9. — De même dans le cas où le seigneur roi ou ses successeurs voudraient imposer une taille ou faire une quête, ou demander un don ou une subvention dans la dite bastide ou ville, rien ne leur reviendra sans le consentement de l'abbé et de la communauté précités. Si le dit abbé veut imposer une taille ou faire une quête, volontaire ou forcée, recevoir un don ou une subvention, elle sera partagée par moitié entre le seigneur roi et l'abbé ou le susdit monastère, à moins que le seigneur roi ou le seigneur de Toulouse n'ordonnent une taille générale ou collective dans tout le comté de Toulouse.

Art. 10. — De même, si la population de la dite bastide ou ville était ou détruite ou décimée par quelque fléau — ce dont Dieu la préserve — l'emplacement de la dite bastide ou ville et toutes ses dépendances contenues dans la dite donation redeviendront de droit la propriété du dit monastère, et lui retourneront librement et sans empêchement d'aucune sorte comme ils étaient au temps de la donation faite et avant cette donation. Mais si la ville, étant détruite en tout ou en grande partie, est reconstruite dans l'espace de trois ans et sur un emplacement non autre que celui où elle a été bâtie, et que ses habitants demeurent dans la dite ville, le dit abbé possédera hors ville des domaines équivalents et aussi étendus que les propriétés concédées en paréage.

Art. 11. — De même, l'abbé et la communauté pourront, s'ils veulent, construire ou faire construire, comme ils jugeront à propos, dans la dite bastide une église, des oratoires ou des chapelles avec des maisons enseignantes (religieuses) et le clergé qui leur sera nécessaire, libres d'immunités ou franches.

Art. 12. — De même, les droits ecclésiastiques et spirituels de la susdite bastide ou ville et de ses dépendances, les dîmes et tous les biens spirituels y annexés reviendront en totalité, librement et à perpétuité, au dit monastère.

Art. 13. — De même, le seigneur roi et ses successeurs ne toléreront ni soldats, ni clercs promus dans les ordres sacrés, ni autres religieux, ni juifs, ni hospices ou léproseries dans la dite ville et dans ses dépendances, sans la volonté et le consentement formel du dit seigneur roi, de l'abbé et de la communauté du monastère susnommé. Ils ne permettront en aucune manière à aucun de leurs sujets de l'habiter ou de la peupler.

Art. 14. — De même, le seigneur roi et l'abbé du susdit monastère, ou leurs fondés de pouvoirs donneront en commun en emphythéose, les propriétés qu'ils possèdent en commun. Les bailleurs en emphythéose, pour les instruments à fournir en plus de ces dons, promettront aux susdits seigneur roi, couvent et abbé d'établir le cens, leurs autres mouvances et droits comme les énumère le bail en emphythéose des susdites terres et possessions.

Art. 15. — De même, le seigneur roi accordera et prescrira de tenir un marché dans la dite ville ou bastide, une fois par semaine, le mercredi, et des foires, deux fois par an; l'une à la fête des bienheureux apôtres saint Philippe et saint Jacques, l'autre à la fête d'hiver de saint Nicolas.

Art. 16. — De même, toute juridiction du pouvoir simple et mixte et de la magistrature, tous les droits qui peuvent être acquis ou déduits de ce qui a été dit plus haut, tous ceux qui peuvent se déduire des promesses dans leur plus grande étendue, l'extension — si elle a lieu — des terres et possessions existantes dans le susdit paréage et tous les droits de justice, d'incursions, de condamnations et d'arrangements appartiendront par indivis aux susdits seigneur roi et monastère de Grand-Selve, de telle sorte cependant que le dit seigneur soit tenu, comme il a été réservé plus haut, de se désister dans le délai d'un an et un jour, si la loi ne s'y oppose pas, des propriétés et biens immeubles que le dit monastère possédera en tout ou en partie, en emphythéose ou autrement, et qui, par n'importe quel moyen, seront tombés au pouvoir du seigneur roi ou de ses autres successeurs.

Art. 17. — De même, les terres et possessions qui seront en dehors du paréage, que les dits abbé et communauté voudront concéder aux habitants de la dite ville ou bastide, payeront au dit monastère et à sa communauté, en outre de la huitième partie des fruits, un denier tournois avec ses dominations, lequel denier appartiendra en commun à notre seigneur le roi et aux dits abbé et communauté. De plus, sur tout ce qui sera concédé en emphythéose dans les terres situées en dehors du paréage, le dit seigneur roi et le monastère précité possèderont pleine et entière juridiction, jusqu'à concurrence de soixante sols toulousains. En outre des soixante sols toulousains, les droits de pouvoir mixte et simple en entier, de haute juridiction et de haute justice, appartiendront au seigneur roi ; le dit monastère aura la huitième partie des fruits et la cinquième partie des noix, ainsi qu'il a été stipulé plus haut. Et s'il s'élève quelque contestation au sujet des droits honorifiques dont il vient d'être parlé, sur les terres que détiendront les habitants de la dite bastide, le différend sera appelé en audience et jugé par la curie ou le juge du dit lieu.

Art. 18. — De même, les quelques habitants établis en dedans des bornes de la dite bastide ou ville ne seront appelés par un juge ou bailli quelconque, à soutenir un procès ou à comparaître en jugement, si ce n'est dans la dite bastide et en présence du bailli ou du juge du dit lieu, à moins que la nature du délit ou le crime de l'accusé n'appartiennent de rigueur à une jurisprudence étrangère à celle de la ville, à moins d'être tenu de plaider devant un autre juge, ou à moins que la cause ne vienne par appel devant un autre tribunal.

Art. 19. — De même l'abbé et le couvent précités gardent en toute propriété la grange de Bagnols, avec ses vignobles, jardins, bois, pâturages, droits honorifiques et toutes ses possessions et dépendances jusques au fleuve de Garonne, confrontant : du côté de l'autan ou levant, la ligne de division de Saint-Jory ; du côté de l'occident ou couchant, le confront d'Ondes ; du côté du midi, le fleuve de Garonne ; du côté de l'aquilon, les bornes de Castelnau.

Art. 20. — De même, ils gardent en toute propriété la grange de Vielles-Aygues avec ses enclos, cours, maisons, jardins, vignes et prés nécessaires pour les travaux de la dite grange et cent cartonnades de terre pour l'agriculture.

Art. 21. De même, ils gardent en toute propriété la grange de Larra avec ses maisons, enclos, cours, jardins, vignes, prairies et toutes ses terres actuellement cultivées, et toutes ses dépendances, lesquelles terres avec une certaine culture de Tunatio confrontent : au levant, avec la rivière de la Save ; au couchant, avec le bois de Saint-Séverin ; au midi, avec un petit ruisseau qui descend du dit bois et va tomber dans la Save, faisant la séparation d'Aurano d'avec Montaigut ; au septentrion, d'avec l'autre culture de *Gojaco*.

Art. 22. — De même, ils gardent en toute propriété une autre culture dite de *Villaverto* de Bossumville, et des monts, confron-

tant du côté de l'est, avec le bois précité de Saint-Séverin et avec
les vignobles de la susdite grange ; des côtés de l'ouest, du sud et
du nord, avec les bois ou le bois de la grange précitée.

Art. 23. — De même, ils gardent en toute propriété une autre
culture dite de *Bojaco*, qui confronte du côté de l'est avec la
rivière de Save ; des côtés de l'ouest et du nord, avec les bois ou
le bois de la grange précitée ; du côté du sud, avec la vigne précitée et la culture dite de *Fraxino*.

Art. 24. — De même, ils gardent en toute propriété la grange
de la *Volta* avec ses enclos, maisons, jardins, vignes, prairies,
terres et possessions incultes, laquelle grange confronte de la
manière suivante : du côté de l'est, par une certaine ferme dite de
Cantavalio et de *Cojaco*, avec les droits honorifiques du seigneur
roi et du monastère de Grand-Selve ; du côté de l'ouest, avec la
rivière de la Save ; du côté du midi, avec le droit honorifique
de *Capella* ; du côté du nord, avec le bois ou forêt de la susdite
grange.

Art. 25. — De même, ils gardent en toute propriété une certaine culture dite de *Gojac*, confrontant : à l'est, avec la rivière
de la Save ; à l'ouest, avec le chemin qui va d'Aucamville à la
grange d'*Aurano* ; au midi et au nord, avec les bois ou forêt de
Grand-Selve.

Art. 26. — De même, ils gardent en toute propriété la grange
de Bellesta avec les maisons, les cours, les jardins, les prairies,
les vignes y nécessaires et avec cent cartonnades de terre pour
l'agriculture.

Art. 27. — De même, ils gardent en toute propriété dix cartonnades de bois réservé pour la grange de *Bouta* et dix autres pour
celle d'*Aurano*.

Art. 28. — De même, ils gardent en toute propriété, dans la
grange de Bellesta, cinq cartonnades de terre, dans lesquelles ils
pourront faire un parc et l'occuper.

Art. 29. — De même, ils gardent en toute propriété dix cartonnades de bois, réservé dans la grange de Vieilles-Aygues, lesquelles appartiendront en commun au dit seigneur roi et au monastère précité, afin de construire, reconstruire et réparer les moulins, les chaussées et les digues qui se trouvent maintenant et
se trouveront à l'avenir dans les lieux susnommés ; le matériel

nécessaire à ces mêmes moulins, chaussées et digues ; les bois que peuvent recevoir les peuples du seigneur roi et du monastère, les instruments aratoires nécessaires à la grange précitée, à la maison du dit seigneur roi et à celle du susdit couvent que l'on construira dans la dite bastide ou ville.

Art. 30. — De même, les susdits abbé et communauté du monastère précité ne donneront ni ne pourront donner en emphythéose les terres des granges précitées à personne, si ce n'est aux habitants de la susdite bastide ou ville et sous les redevances et cens dont il a été parlé.

Art. 31. — De même, les moulins avec leurs chaussées *(beccatoriis et aliis pertinetitiis venis et marguilis)* qui sont maintenant et seront à l'avenir dans les lieux précités, et le matériel nécessaire aux moulins qui seront construits sur la rivière de Save appartiendront à perpétuité et par moitié au dit seigneur roi et au dit monastère, mais aux conditions suivantes : le dit seigneur roi n'a aucun droit sur les moulins actuellement existants, jusqu'à ce qu'il ait fait construire à ses propres frais des moulins d'un égal rapport. En attendant, les moulins actuels appartiennent, libres de tous droits, au susdit monastère ; mais, aussitôt que le dit seigneur roi aura fait construire des moulins d'un égal rapport, ceux-ci et ceux qui existent maintenant appartiendront entièrement par moitié et par indivis au dit seigneur roi et au susdit monastère. Tous les moulins, sans exception, seront obligés de moudre les blés du susdit monastère et de ses granges avant ceux de tout le monde, moyennant un prix de mouture égal à celui que leur payeront les particuliers qui y feront moudre leur blé. De même, tout le pain nécessaire au dit monastère sera préparé dans les dits moulins, avant celui de tout le monde, au même prix cependant que payeront ou que payeraient les simples particuliers.

Art. 32. — De même, les moulins ou les digues qui seront construits à n'importe quelle époque sur le fleuve de la Garonne, depuis le droit honorifique de la Chapelle jusqu'à l'endroit où la rivière de la Save se jette ou entre dans le dit fleuve, appartiendront à perpétuité par moitié au dit seigneur roi et au dit monastère, avec les chaussées, les rivages et autres objets nécessaires aux dits moulins ; lesquels, avec tout le matériel seront construits, élevés et réparés à frais communs, par le roi et le monastère, comme il a été dit.

Art. 33. — De même, il est réservé que, dans la dite bastide ou ville, le dit seigneur roi et le dit monastère pourront posséder des maisons convenables et une prison qui seront construites avec les premiers revenus que le seigneur roi et le dit abbé ou le monastère percevront dans la dite bastide ou ville, et de telle sorte que ladite prison en bon état et suffisante, et le dit lieu de la prison ou des prisons soient communes par indivis.

Art. 34. — De même, le seigneur roi et le monastère gardent en toute propriété et à perpétuité la métairie et les constructions situées dans le lieu dit de Tournefeuille, sept cartonnades de terre situées au-dessous des fossés et les deux moulins sur bateaux qui sont maintenant dans la Garonne, avec toutes leurs dépendances, chaussées et rivages, mais aux conditions suivantes : aucun moulin ne pourra être construit par le seigneur roi dans Tournefeuille, à partir de l'endroit où se mêlent les eaux de la Save et de la Garonne jusqu'à la rive de Marguestaud ; le susdit monastère pourra toujours avoir en propre et en entier deux moulins sur bateaux dans la Garonne, au-dessus des limites ou fleuves susnommés et pouvant toujours être construits selon leur bon plaisir.

Art. 35. — De même, le seigneur roi et ses successeurs tiendront la main à ce que le dit monastère détienne et possède en paix et sans inquiétude tous ses biens, droits et propriétés, comme il a été mieux et plus amplement dit; mais en sauvegardant en toutes choses les droits d'autrui.

Art. 36. — Toutes ces donations et concessions, et chacune en particulier, comme elles ont été énumérées plus haut, seront soumises par les dits abbé et syndic à l'approbation et à la confirmation du chapitre et du couvent. Le dit seigneur sénéchal en son nom et en celui du seigneur roi et de ses successeurs a reçu et accepté pour eux cette donation ou ces concessions comme elles ont été énumérées plus haut, se réservant de consulter la volonté du dit seigneur roi. Le même seigneur sénéchal a promis aussi de faire confirmer et ratifier toutes ces donations ou concessions par le dit seigneur notre roi ; et s'il juge qu'elles soient acceptables ou s'il veut les accepter, il les fera sceller du sceau du seigneur roi. Duquel syndicat, le même syndic rend témoignage par un acte public fait et signé de la main de maître Bernard de Montansolle, notaire public du seigneur roi, à Beaumont, duquel acte la première ligne commençait par : « *noverint,* » la seconde, par

« *frater*, » la sixième, par « *Berengarius*, » et la dernière par « *scripsi*, » lequel acte de syndicat, verifié avec soin, n'a été trouvé ni vicié, ni falsifié, ni altéré en aucune de ses parties par le dit sénéchal, ses juges et subordonnés, et par le dit syndic, et à été admis comme fait et ordonné dans les formes légales.

Art. 37. — Cet acte a été passé à Rabastens, le jour de la lune avant la fête de la nativité de la Bienheureuse Vierge Marie, l'an du Seigneur, *mil deux cent quatre-vingt-dix*, sous le règne de Philippe le Bel, roi de France, en présence et sous le témoignage des magistrats Arnauld de Raisac, Bernard de Sancii, maintenant juge de Villelongue (Rieux); Arnauld du Pont, juge de Lauragais ; Etienne Descalaumes, juge de Verdun et de Gascogne ; Pierre Maurin, procureur du seigneur roi ; seigneur Guilhaume de Caisetis, homme d'armes et docteur en droit ; Guilhaume de Curia, jurisconsulte ; du seigneur Jean, archevêque ; de maître Raymond le Bon ; des frères Pierre, Rodolphe, Bertrand de Montlaur ; Guilhaume-Raymond de Valviste ; Bernard pour les moines de Grand-Selve, et de Bernard Joanin, notaire public du seigneur roi et de toute la sénéchaussée de Toulouse et de l'Albigeois, demeurant à Castelneau ; qui, à la réquisition des dits abbé et syndic et par ordre du dit seigneur sénéchal, ai écrit le présent acte, l'ai rédigé dans la forme publique et l'ai signé de ma main. Moi, notaire, susnommé, certifie qu'il doit m'être imputé un premier interligne, qui se trouve au-dessous de la 302ᵐᵉ ligne, partant du commencement de cet acte, et un second interligne placé au-dessus de la 18ᵐᵉ ligne, partant de la fin de cet acte. Le premier interligne est en entier ; le second par de : « *ad dominum prædicti monasterii, etc.* »

Nous, Eustache de Beaumarchais, homme d'armes, sénéchal précité, avons jugé à propos d'apposer notre sceau sur le présent acte public, comme il est d'usage, pour confirmer un paréage. Au nom du seigneur roi, considérant le paréage, la donation et l'association précités, sous le mode et dans la forme susdits, comme déjà passés, convenus, conclus et ratifiés en entier, nous voulons convenues et promises toutes les promesses en général et chacune en particulier ainsi qu'elles sont énumérées dans le susdit acte. Nous les louons, nous les approuvons par la teneur des présentes et nous leur donnons tout notre assentiment, tous droits cependant, nòtres ou d'autrui, réservés en toute autre chose. Et afin de les rendre stables et ratifiées, nous avons fait apposer notre sceau sur les présentes. Nous avons vu les interlignes dont il est fait mention à la fin de cet acte et nous les approuvons.

Fait à Paris, l'an du Seignear mil deux cent quatre-vingt-dix au mois de novembre.

En foi du visa ci-dessus, nous Etienne Albert, licencié en droit, clerc de l'illustre roi de France, son juge ordinaire à Toulouse et gardien du sceau majeur de la sénéchaussée et du vicariat de Toulouse, avons vu les présentes et avons trouvé bon d'y apposer le susdit sceau majeur de la sénéchaussée et du vicariat précités. Fait et collationné avec l'original, duquel ont été extraites les présentes par Gerald de Ballera, notaire public à Toulouse.

En foi de quoi, j'ai signé de mon nom et du sceau dont je me sers dans les actes publics.

(Traduit par Eugène Lacoste.)

Imp. Vialelle et Cⁱᵉ, rue du Lycée, 9.

9 782019 230760